莫砺锋 主编　　徐宗文 策划

莫砺锋教你读古诗

高级版

顾友泽　何新所　编著

江苏人民出版社

图书在版编目(CIP)数据

莫砺锋教你读古诗:高级版/莫砺锋主编;顾友泽,何新所编著.—南京:江苏人民出版社,2015.11
ISBN 978-7-214-16949-5

Ⅰ.①莫… Ⅱ.①莫… ②顾… ③何… Ⅲ.①古典诗歌-中国-小学-教学参考资料 Ⅳ.①G624.203

中国版本图书馆 CIP 数据核字(2015)第 265572 号

书　　　名	莫砺锋教你读古诗　高级版	
主　　　编	莫砺锋	
著　　　者	顾友泽　何新所	
策　　　划	徐宗文	
责 任 编 辑	许尔兵　王　晗	
装 帧 设 计	陈　娈	
出 版 发 行	凤凰出版传媒股份有限公司	
	江苏人民出版社	
出版社地址	南京市湖南路 1 号 A 楼,邮编:210009	
出版社网址	http://www.jspph.com	
经　　　销	凤凰出版传媒股份有限公司	
照　　　排	江苏凤凰制版有限公司	
印　　　刷	江苏凤凰扬州鑫华印刷有限公司	
开　　　本	890 毫米×1 240 毫米　1/32	
印　　　张	11.25	
字　　　数	188 千字	
版　　　次	2016 年 5 月第 1 版　2020 年 6 月第 3 次印刷	
标 准 书 号	ISBN 978-7-214-16949-5	
定　　　价	28.00 元	

(江苏人民出版社图书凡印装错误可向承印厂调换)

目　录

长歌行①

无名氏

青青园中葵②,朝露待日晞③。

阳春布德泽④,万物生光辉。

常恐秋节至⑤,焜黄华叶衰⑥。

百川东到海⑦,何时复西归?

少壮不努力,老大徒伤悲⑧。

注释

① 长歌行:汉乐府曲调名。

② 葵:冬葵,我国古代重要蔬菜之一,可入药。

③ 待:依靠,依赖。日晞(xī):被日光晒干。

④ 阳春:温暖的春天。布:布施,给予。德泽:恩惠。

⑤ 秋节:秋季。

⑥ 焜黄:明亮。华:同"花"。衰:为了押韵,这里可按古音

读作"cuī"。

⑦ 川：河流。

⑧ 徒：白白地。

解析

　　这是一首劝人珍惜青春、及时努力的诗歌。与一般的说教不同，此诗重在以形象感人，据物言理，故而易于为人接受。诗歌首两句说青绿的园中之葵，它的生长需要雨露阳光。第三、四句承接首两句的形象并加以引伸：春天的阳光施予大地以恩泽，万物因此欣欣向荣。第五、六句进一步翻出新意：怕就怕秋天来了，万物凋零，光华不再。诗人的言外之意，应该趁着青春，利用各种有利的条件，好好成长。最后四句，绾合前文之意：犹如百川到海、无复西归一样，人生也是如此。由此，年轻人应该趁早努力，否则到老之时，只能徒自悲伤。这首《长歌行》不同于汉代其他文人诗哀叹人生短促、鼓吹及时行乐，而主张积极健康的人生态度，是一首难得的佳作。

赠从弟①

刘 桢

亭亭山上松②，瑟瑟谷中风③。

风声一何盛，松枝一何劲④。

冰霜正惨凄⑤，终岁常端正。

岂不罹凝寒⑥？松柏有本性。

注释

① 从弟：堂弟。

② 亭亭：挺立的样子。

③ 瑟瑟：风声。

④ 一何：多么。劲：坚强。

⑤ 惨凄：酷烈。

⑥ 罹(lí)：遭受。凝寒：犹严寒。

解析

　　刘桢(? —217)，字公幹，东平(今山东省东平县)人。他是东汉末年建安时期的诗人，"建安七子"之一。诗歌风格简练刚健，钟嵘《诗品》称之为"真骨凌霜，高风跨俗"。

　　在这篇诗中，诗人以大风严霜作为烘托，塑造出松柏始终如一、坚韧不拔的品性。诗人勉励他的堂弟，做人应当像松柏一样，经常保持端正的本性，不能因为遇到困境，受到压迫，而有所改变。"岁寒，然后知松柏之后凋也"，越是严酷的环境，越是能够考验人性的伟岸，诗歌以物喻人，形象生动。

❀ 传统纹样欣赏 ❀

龙纹 唐代

五洲夜发

阴 铿

夜江雾里阔，新月迥中明①。

溜船唯识火②，惊凫但听声③。

劳者时歌榜④，愁人数问更⑤。

注释

① 迥中：辽远的空中。

② 溜船：顺流行驶的船只。

③ 凫(fú)：野鸭。

④ 榜：船桨，代指船。歌榜：划着桨唱着船歌。

⑤ 数(shuò)：屡次。更：古代夜间计时的单位，一夜分为
五更，一更约两个小时。

解析

　　阴铿(约511—约563)，字子坚，南朝梁、陈间诗人，与
何逊齐名，称为"阴何"。阴铿诗颇受杜甫称许，杜甫称赞

李白说"李侯有佳句,往往似阴铿",又说自己"颇学阴何苦用心"。

五洲,在湖北省浠水县西的长江中,因江中五个岛屿相连而得名。本诗写在有雾的夜晚从五洲出发,乘船顺流而下。作者着力刻划夜晚江中的景物:雾中的大江显得更加宽阔,新月在辽远的空中显得愈加明亮。暗夜之中,看到渔火的移动,才知道渔船在顺水疾驶;受惊的野鸭飞进夜空,只能听到它的叫声。船家唱着船歌,而忧愁的诗人却睡不着觉,一次次问现在是几更天啦。作者观察得非常仔细,所表现的又都是暗夜景物的特点,还能融情入景,景中含情,具有很高的表达技巧。

传统纹样欣赏

鸟与植物 清代

入若耶溪

王 籍

艅艎何泛泛①，空水共悠悠②。

阴霞生远岫③，阳景逐回流④。

蝉噪林逾静⑤，鸟鸣山更幽。

此地动归念，长年悲倦游。

注释

① 艅艎（yú huáng）：大船。泛泛：缓缓漂浮。

② 空：天空。水：水面。

③ 阴霞：色彩不鲜明的云霞。远岫（xiù）：远山。岫，有洞
  穴的山，也指峰峦。

④ 阳景：日光。回流：即洄流，曲折的水流。

⑤ 逾：更加。

解析

王籍，生卒年不详，字文海，琅琊临沂（今山东临沂市北）人，南朝齐、梁间的诗人。

若耶溪，在今浙江绍兴市南，是一个著名的风景区，《水经注》说这里"水至清，照众山倒影，窥之如画"。这首诗描写若耶溪美丽的风景，以及泛舟溪上引起对家乡的思念。中间两联写景。三、四两句写若耶溪云蒸霞蔚的特有美景：远山之间云霞蒸腾而上，近处阳光追逐着回旋的水流。五、六两句是历来传诵的名句。这两句诗动中见静，以有声写无声，构想极为巧妙。宋代王安石《钟山即事》中的"茅檐相对坐终日，一鸟不鸣山更幽"，就是对王籍名句的翻案。

传统纹样欣赏

花卉纹 清代

读《山海经》①

陶渊明

精卫衔微木②,将以填沧海。
刑天舞干戚③,猛志固常在④。
同物既无虑⑤,化去不复悔⑥。
徒设在昔心⑦,良辰讵可待⑧!

注释

① 《山海经》:书名。古代地理学名著,共十八卷,内容多
记述上古海内外山川、史地、异物和神话传说。

② 精卫:古代神话中鸟名。《山海经》等书记载:古代炎帝
之女精卫,因游东海淹死,灵魂化为鸟,经常衔木石去
填东海。衔:用嘴含。微木:细木。

③ 刑天:神话人物。《山海经》记载刑天和天帝争神,失
败后被砍去了头,但他不甘屈服,以两乳为目,以肚脐
当嘴,仍然挥舞着盾牌和板斧作战。干戚:盾与斧。古

代的两种兵器。

④ 猛志：勇猛的斗志。

⑤ "同物"句：意思是说精卫既然淹死而化为鸟，即使再死一次也不过从鸟变为另一种物，所以没有什么忧虑。

⑥ "化去"句：意思是说刑天已被杀死，化为异物，但他对以往和天帝争神之事并不悔恨。

⑦ 徒：徒然、白白地。在昔心：过去的壮志雄心。

⑧ 良辰：实现壮志的好日子。讵：岂，表示反问。以上两句是说精卫和刑天徒然存在昔日的猛志，但实现他们理想的好日子岂能等待得到！

解析

陶渊明（约365—427），名潜，字渊明，又字元亮，自号五柳先生，死后其好友赠谥号靖节先生。浔阳人。东晋著名文学家，田园诗人。陶渊明曾做过几年小官，后辞官回家，从此隐居，田园生活是陶渊明诗的主要题材。

《读〈山海经〉》共十三首，本诗是第十首。陶渊明对东晋的灭亡十分惋惜，对晋恭帝被弑更是痛心疾首。这首诗就是其利用古代神话传说来表达自己的不平和反抗情绪的。诗的前半部分，歌颂了精卫和刑天的反抗精神。精卫虽然身小力薄，却常衔西山之微木填于沧海；刑天虽然被斩首，但仍然挥舞盾牌和大斧。为了报仇，精卫与刑天不畏艰难,知其不可为而为之,奋勇斗争。诗的后半部分诗人进一步赞扬这两位英雄所体现的顽强斗志。诗歌认为既然生与死不过是不同形式的转化,那么精卫与刑天当然不会放弃斗争。只是两位英雄错失良机,不知道何时能够实现自己复仇的理想。这首诗写法曲折,意义较为隐晦,风格和情调与其他诗歌不同,但在豪放之中仍然保持了诗人托物寄兴、精练含蓄、议论自然妥帖的特点。

传统纹样欣赏

庭院图 东汉画像砖

江南曲

柳 恽

汀洲采白苹①，日暖江南春。

洞庭有归客②，潇湘逢故人③。

故人何不返？春花复应晚。

不道新知乐④，只言行路远。

注释

① 汀(tīng)洲：水中小洲。白苹(pín)：一种长在浅水中的草本植物，也称四叶菜，可入药。与"萍(píng，浮萍)"为两种植物。

② 洞庭：山名，在江苏太湖中。一说湖名，在湖南北部。

③ 潇湘：潇水与湘江的并称。多借指今湖南地区。

④ 新知：新欢。

解析

　　柳恽(465—517),字文畅,祖籍河东解州(今山西运城)。南朝梁著名诗人、音乐家、棋手。梁天监元年(502)萧衍建立梁朝,柳恽为侍中,与著名史学家沈约等共同定新律。为政有清名,百姓感怀。善诗,所作多为时人所叹赏,且被书之于壁。

　　这是一首闺怨诗,描述一位江南女子对远在他乡的丈夫的思念之情。诗歌开头两句以采苹起兴,点明故事发生在春天,同时暗示以下将表现闺思之怨。后六句描写女主人公遇见"洞庭归客"时所闻所感。洞庭客从她丈夫所在地潇湘回来,只告诉她见过其丈夫,至于其丈夫为何不归却只字未提。女主人公因此不免产生狐疑:百花都要凋谢了,为什么还不回来呢?于是女主人公不由得猜想丈夫另有新欢了,还借口说路途遥远。诗歌的最后两句,既可理解为女主人公的玩笑话,也可理解为她的担忧。此诗风格清丽,感情刻画细腻生动;记叙、人物对话与心理活动,水乳交融,浑然一体。

赋得入阶雨①

萧 纲

细雨阶前入，洒砌复沾帷②。
渍花枝觉重③，湿鸟翻飞迟④。
倘令斜日照，并欲似游丝。

注释

① 赋得：古人作诗的一种方式。或选择前人现成诗句为题作诗，或文人聚会时分题作诗，或用于"应制"（应皇帝之命）之作，也有属于即景写诗的。本诗的"赋得"大概为文人聚会时所写，应是即景作诗，但不一定当时真的下雨。

② 砌：台阶。帷：围在四周的帐幕。

③ 渍：浸。

④ 翻飞：飞翔，飞舞。

解析

萧纲(503—551),南朝梁简文帝。字世缵,南兰陵(今江苏武进)人。梁武帝第三子,由于长兄萧统早死,他在中大通三年(531)被立为太子。太清三年(549),侯景之乱,梁武帝被囚饿死,萧纲即位,大宝二年(551)为侯景所害。萧纲自幼爱好文学,因为特殊的身份,以他的幕僚为主,形成了一个主张鲜明的文学集团。随着萧纲被立为皇太子,这一集团的文学影响逐步达到登峰造极的地步,公开宣布并倡导文学史上著名的宫体文学,形成风尚。

如何描写细雨,萧纲的这首诗为我们提供了一个很好的范例。首联写细雨飘飘洒洒,人们用肉眼不能看见,但从阶梯、帷幕的湿润可以感知。第二联描摹细雨中动物与植物的情形:花枝因为被雨水打湿,显得沉重,比平日垂得更低;鸟儿因为淋雨,身姿不如平时轻便,飞翔也有点迟钝。最后一联诗人发挥想象:如果雨中出现太阳,一定能够看清雨细若游丝的形态。此诗刻画蒙蒙细雨极为逼真,既写出它的若无还有,又通过想象写出它的具体形态。诗人观察之细致,心思之缜密,令人称叹。

野　望

王　绩

东皋薄暮望^①，徙倚欲何依^②

树树皆秋色，山山唯落晖^③。

牧人驱犊返^④，猎马带禽归^⑤。

相顾无相识，长歌怀采薇^⑥

注释

① 东皋(gāo)：诗人隐居的地方。薄暮：傍晚。

② 徙倚(xǐ yǐ)：徘徊，来回走动。依：依傍。

③ 落晖：落日。

④ 犊(dú)：小牛。这里指牛群。

⑤ 禽：鸟兽。这里指猎物。

⑥ 采薇：相传周武王灭商后，伯夷、叔齐不愿做周的臣子，
在首阳山上采薇而食，最后饿死。古时以"采薇"代指
隐居生活。薇，一种野菜。

解析

　　王绩(约589—644),字无功,号东皋子,绛州龙门(今
山西河津)人。性简傲,嗜酒,能饮五斗,自作《五斗先生
传》。其诗近而不浅,质而不俗,真率疏放,有旷怀之致。
在艺术上,颇为讲求声律,对于唐代律体的最终形成,有一
定的开创之功。

　　这首诗歌紧扣"野望"二字,写诗人薄暮登高时的所见
所感,表现了自己孤独抑郁、百无聊赖的彷徨心情。首联
交待缘起,写诗人在黄昏时分,站在东皋之上眺望,感觉无
所归依。接下来四句写薄暮中所见景物:近处的树,远处
的山,在夕阳的余晖中,尽显秋色。牧人驱赶着牛群,猎人
骑马带着猎物,纷纷回家。这样的情景静谧而温馨,然而
诗人却感觉现实中的一切与自己无关,只好追怀古代的隐
士,与伯夷、叔齐神交。这首诗歌质朴无华,但格律成熟,
早在律诗定型之前出现,显现出王绩勇于艺术创新的
努力。

从军行

杨 炯

烽火照西京①,心中自不平。

牙璋辞凤阙②,铁骑绕龙城③。

雪暗凋旗画④,风多杂鼓声。

宁为百夫长,胜作一书生⑤。

注释

① 西京:指唐代国都长安。唐人称洛阳为东京,称长安为
西京。

② 牙璋:国家调动兵马的符信,分做两块,相合处凸凹相
嵌的地方叫做牙。凤阙:汉代长安建章宫中的宫阙名,
因其上有高大的铜凤凰而得名。这里代指长安。

③ 铁骑:穿着铠甲的骑兵。龙城:汉时匈奴大会诸部祭天
的地方,这里代指敌方的要地。

④ 凋:凋落,失色。这句是说风雪弥漫,使旗帜上的图案

黯淡无色。

⑤ 百夫长：古代军队里的下级军官。

解析

　　杨炯（650—?），华州华阴（今陕西华阴）人，唐代诗人，与王勃、卢照邻、骆宾王齐名，合称"初唐四杰"。

　　本诗通过对军队战斗生活的描写，表达了作者欲投笔从戎的壮志豪情。诗歌从烽火传到长安，边塞形势骤然紧张写起，着力刻画了我方将士的雄壮威武，以及边塞戍守、战斗的严酷，这更激起了诗人欲投笔从戎、报效国家的志向。全诗对仗工整，是早期五律的代表作品。

⌘⌘⌘⌘⌘ 传统纹样欣赏 ⌘⌘⌘⌘⌘

荷花纹 清代

夜宿七盘岭

沈佺期

独游千里外，高卧七盘西①。

晓月临窗近，天河入户低②。

芳春平仲绿③，清夜子规啼④。

浮客空留听⑤，褒城闻曙鸡⑥。

注释

① 七盘：七盘岭，在褒城北二十里，今陕西汉中市北。

② 天河：银河。此句说银河比窗户更低，极力描写七盘岭之高峻。

③ 平仲：树木名，即银杏。

④ 子规：即杜鹃鸟。此鸟春夜鸣叫，声音凄厉，叫声听起来好像"不如归去"，古代诗人常借之抒写思乡之情。

⑤ 浮客：到处漂荡的游子，这里是作者自指。

⑥ 褒城：唐代梁州的属县，在今天陕西勉县褒城镇，位于从关中入蜀的通道上。

解析

　　沈佺期(约 656—约 715)，字云卿，相州内黄(今属河南)人。沈佺期为武则天时期重要诗人，工诗，尤长于律体，与宋之问并称"沈宋"，对律诗格律的定型作出了重要贡献。

　　这是作者从长安往蜀地去的途中夜宿七盘岭时所写的诗。过了七盘岭，就开始进入蜀地，因此诗中表现出诗人漂泊无依的凄凉心情。诗歌通过山月近窗、银河入户来显示"高卧"之景，通过银杏春绿、子规夜啼来表达"独游"之情，都非常契合"夜宿七盘岭"这个题目。末联写整夜不寐，天将明时听到褒城的鸡叫，前途漫漫，浮游无依，客途悲凉之情，荡漾不去。整首诗歌对仗工整，格律谨严，结构细密，代表了早期五言律诗的艺术特点。

龙纹　北魏石刻

听弹琴

刘长卿

泠泠七弦上^①，静听松风寒。
古调虽自爱^②，今人多不弹。

注释

① 泠(líng)泠：形容声音清越、悠扬。

② 古调：典雅古拙、不同于流俗的曲调。

解析

　　刘长卿(约726—约786)，字文房，宣州(今安徽宣城)人。唐代著名诗人。

　　这是一首借弹琴寓意的诗。前两句描写琴声，七弦琴发出清越的音调，静静听来好像风入松林，清泠肃穆。后两句发表议论，这种古雅的曲调虽然是自己所爱，但现今很少有人弹奏。这首诗通过弹琴之事，表达作者因不趋时尚而不合时宜，故落落寡合、缺乏知音，只能孤芳自赏的无限感慨。

观祈雨

李 约

桑条无叶土生烟，箫管迎龙水庙前^①。
朱门几处看歌舞^②，犹恐春阴咽管弦^③。

注释

① 水庙：龙王庙。

② 朱门：红漆大门。指贵族豪富之家。

③ 咽：发音不响亮。管：管乐器，如笙、笛之类。弦：弦乐器，如琵琶之类。乐器一旦受潮，发声就不清脆，因而富贵人家不担心农田干旱，反倒担心天气转阴会影响音乐演奏的质量。

解析

　　李约，生卒年不详，字存博，李唐宗室，唐代中期诗人。

　　这首诗写大旱之时，观看农民祈雨产生的感慨。诗歌由两组画面组成，一实一虚，形成鲜明对比。第一组画面是实写农民因大旱而迎神祈雨的场面,可以想见农民们忧心如焚的情景。第二组画面则是虚写那些富贵人家,依旧歌舞升平,他们担心的是天阴会使管弦的声音不够嘹亮。诗人将这两组画面并列在一起,其中的讽刺意味昭然若揭。

龙凤宝灯纹 清代云锦

客有卜居不遂薄游汧陇因题^①

许 浑

海燕西飞白日斜,天门遥望五侯家^②。
楼台深锁无人到,落尽东风第一花。

注释

① 卜居:择地居住。不遂:没有如愿。薄游:漫游。汧
　(qiān)陇:指汧水陇山,唐代属于关内道陇州,在长安
　西北,今天甘肃陇县一带。
② 天门:皇宫之门,禁城之门。五侯:汉成帝同一天封自己
　舅舅家五人为侯,称为"五侯",后用来代指权贵之家。

解析

　　许浑,生卒年不详,唐代诗人。
　　这首诗写一位朋友在长安无法立足,因而准备向西到

陇州去寻找机会，作者有感于此，作诗咏之。作为繁华的都市，长安的生活压力是相当大的，所以当时有人开年轻诗人白居易的玩笑，说长安是"居大不易"。但这首诗的妙处是不把这层意思说破，完全靠艺术形象来使读者领会。诗歌以海燕指代欲卜居长安的客人。海燕从东飞向西，到了日暮的时候还没有寻到落脚的地方。而从禁城大门望去，高门深院、楼台林立的是五侯家的宅第，那里楼台紧锁，空无人迹，繁花飘落，亦无人欣赏。一面是卜居不得的客人，一面是楼台空锁的王侯宅第，以王侯的奢华来反衬客人的寥落，意味深长而委婉多姿。

传统纹样欣赏

狮纹 清代

正月十五日夜

苏味道

火树银花合①，星桥铁锁开②。

暗尘随马去，明月逐人来。

游伎皆秾李③，行歌尽落梅④。

金吾不禁夜⑤，玉漏莫相催⑥。

注释

① 火树银花：形容元宵节夜晚树木上都点缀满了灯笼的辉煌景象。合：满，到处都是。

② 星桥：护城河上的桥栏点缀着灯火，像天空的星星一样。铁锁开：唐代的都市里不许人们在夜间行走，但正月十五夜则通宵任人游玩，所以桥上的铁锁也打开了。

③ 游伎：四处巡游的歌伎。秾李：妆扮若桃李一般秾艳。

④ 行歌：一边走一边歌唱。落梅：歌曲的名字，即《梅花落》。

⑤ 金吾：指京城里的禁卫军。不禁夜：不禁止夜晚通行。
⑥ 玉漏：漏是古代计时的工具，也叫漏壶、漏滴，以滴水来
　　计时。玉漏指玉制的漏，或是漏的美称。

解析

　　苏味道（648—705），赵州栾城（今属河北）人。初唐时期著名诗人，以文辞与李峤并称"苏李"，又与李峤、崔融、杜审言合称"文章四友"。

　　这是描写元宵佳节的著名诗篇。根据记载，当时元宵节庆祝三天，张灯结彩，通宵不禁行人，热闹非凡。这首诗正是对这种景象极为传神的描绘。火树银花不夜天，当夕阳西下，皓月东升，元宵佳节就拉开序幕。大街上是花枝招展的歌女，一边走一边唱着《梅花落》。这是一年当中难得的可以通宵达旦欢娱的时刻，所以诗人希望时间不要流逝得太快，计时的漏刻不要催促游人。整首诗对仗工整，错彩镂金，一气呵成，与所表现的大唐元宵的繁盛景象达到了完美的结合。

题大庾岭北驿①

宋之问

阳月南飞雁②,传闻至此回。

我行殊未已③,何日复归来。

江静潮初落,林昏瘴不开④。

明朝望乡处⑤,应见陇头梅⑥。

注释

① 大庾(yǔ)岭:在江西、广东交界处,为五岭之一。因岭上多生梅花,又名梅岭。北驿:大庾岭北面的驿站。

② 阳月:农历十月的别称。

③ 殊:犹,还。

④ 瘴:即瘴气,指南方湿热天气山林间对人有害的毒气。

⑤ 望乡处:远望故乡的地方,指站在大庾岭上。

⑥ 陇头梅:大庾岭地处南方,十月即开梅花。南朝诗人陆凯诗:"折梅逢驿使,寄与陇头人。江南何所有,聊赠一枝春。"

解析

　　宋之问(656—712),一名少连,字延清,汾州(今山西汾阳)人。唐代诗人。与沈佺期齐名,并称"沈宋"。上元二年(675)举进士,历任尚方监丞、左奉宸内供奉等职。常扈从游宴,写过不少应制诗。宋之问在创作实践中使六朝以来的格律诗的法则更趋细密,使五言律诗的体制更臻完善。他的诗作属对精密,声调和谐,在初唐有较大影响。

　　这首诗是宋之问流放钦州、途经大庾岭时所作。唐代岭南还没有得到很好的开发,尚处于半蛮荒状态,又瘴气弥漫,常致人死亡,故被人视为畏途,朝廷也常常将一些官员贬谪至此。诗题中所提到的大庾岭,被古人认为是南北分界线,有北雁南归不再过此之说。宋之问想到明日过岭,与中原便天各一方,顿时迁谪失意的痛苦、怀土思乡的忧伤一起涌上心头。

　　第一、二两联,诗人将自己的处境与大雁比较:阳月大雁南飞至此而定期北回,而我非但不能滞留,还要翻越山岭到更远的地方,至于何时返回故乡更是不可预期。人不如雁的对比,把诗人那忧伤、哀怨、思念、向往等痛苦复杂的情感表现得含蓄委婉而又深切感人。第三联诗人借景抒情:江潮初落,水面平静得令人寂寞;林间瘴气缭绕,一片迷蒙,给人惝恍迷离之感。这景象又给诗人平添了一段忧伤。最后一联宕开一笔,从虚处抒情,想象明日登上山顶遥望故乡,应见初放的红梅。使用古人诗歌的典故,表达对家乡及亲人的思念。全诗不见一"愁"字,读者却感受到作者愁绪满怀,凄恻缠绵。这正是诗人的高妙之处:以情布景,又以景衬情,使情景融合,写出了真实的感受,因而情真意切,动人心弦。

双鱼纹 清代

登幽州台歌①

陈子昂

前不见古人②，后不见来者③。
念天地之悠悠④，独怆然而涕下⑤！

注释

① 幽州台：即蓟北楼，又称燕台、黄金台，故址在今北京市
西南的大兴。相传战国时燕昭王为雪国耻，采纳郭隗
建议，在燕都蓟城筑高台，置黄金于其上，招揽天下贤
才，终于得到乐毅等人，致使国家臻于富强。

② 前：向前看。古人：指像燕昭王那样求才若渴的君主。

③ 来者：未来的能够礼贤下士的君主。

④ 念：想到。悠悠：形容时间的久远和空间的广大。

⑤ 怆然：悲伤的样子。涕：古时指眼泪。

解析

陈子昂(659—700)，字伯玉，梓州射洪(今四川射洪县)人。

唐代文学家。少时家庭富裕,慷慨任侠。成年始发愤读书,关心国事。二十四岁举进士,曾官右拾遗,后世因称陈拾遗。其诗遒劲峥嵘,寓意深远,苍凉有力,而以三十八首《感遇诗》最为杰出,受到杜甫、韩愈、元好问等后代诗人的高度评价。

武则天命建安王武攸宜率军讨伐反叛的契丹,陈子昂随军参谋。前军陷没,子昂数次进献解救之策,武攸宜不但没有采纳他的建议,反而将他贬为军曹。诗人悲愤难当,写下了这首千古绝唱。

诗歌表现的是作者怀才不遇、寂寞无聊的情怀。诗人回望过去,再也见不到往昔招贤礼士的英主;展望未来,自己又不及遇见明君。俯仰古今,绵长的时间中偏偏自己生不逢时。登楼远眺,只见天悠悠而高远、地悠悠而广袤;独立苍茫天地之间,有心杀敌却报国无门,想到这里,诗人禁不住泪流满面。诗歌虽然短小,但表现力极强。前三句粗笔勾勒,以浩茫宽广的宇宙天地和沧桑易变的古今人事作为深邃、壮美的背景加以衬托。第四句饱蘸感情,凌空一笔,将抒情主人公慷慨悲凉的自我形象表现得神韵飞动,光彩照人,诗歌的慷慨悲凉的境界也由此凸显。前两句音节比较急促,传达了诗人生不逢时、抑郁不平之气;后两句各增加一个虚字,音节显得舒徐流畅,表现了自己无可奈何、曼声长叹的心境。前后句法参差,音节抑扬变化,互相配合,很有感染力。

望月怀远

张九龄

海上生明月，天涯共此时。

情人怨遥夜①，竟夕起相思②。

灭烛怜光满③，披衣觉露滋④。

不堪盈手赠⑤，还寝梦佳期⑥。

注释

① 情人：多情的人，指诗中的主人公。遥夜：漫长的夜晚。

② 竟夕：整夜。

③ 怜：爱。

④ 露滋：露水滋生，沾湿衣服，暗示已经到了深夜。

⑤ 不堪：不能。盈手：满手。这句的意思是月光流淌，但不能够捧在手里赠给对方。

⑥ 寝：寝室。佳期：欢会的时期。

解析

　　张九龄（678—740），字子寿，韶州曲江（今属广东）人。唐玄宗时期的一代名相、著名诗人。

　　这是一首怀念远人的诗，但所怀念者是指爱人还是好友，却不易确指。因为古人有时也称好友为情人，并常用男女关系比喻朋友和君臣关系。诗歌起句画面开阔，气象宏大；次句写虽然和朋友天各一方，却共享一轮明月。中间两联写望月之情景。因漫漫长夜而心生哀怨，因哀怨无法入眠，所以久久地徘徊。将室内的蜡烛熄灭了，更觉得月光如水泻地，无处不在。披衣走到室外，感到露水沾湿了衣服。皎皎月光，却不能捧在手里赠送给思念的朋友，那还不如在梦中欢会吧。不论思念的是爱人或是好友，诗歌都把"隔千里兮共明月"这样的主题表达得极其美妙，所以也得到古往今来读者的喜爱。

凉州词

王之涣

黄河远上白云间，一片孤城万仞山^①。
羌笛何须怨杨柳^②，春风不度玉门关^③。

注释

① 一片：一座。仞：八尺为一仞。万仞：极言其高。

② 羌（qiāng）笛：笛子原是羌族的乐器，所以称为羌笛。

杨柳：指表现折柳送别的乐曲《折杨柳》。

③ 玉门关：在今甘肃省敦煌县西北，是通往西域的交通
要塞。

解析

王之涣（688—742），字季凌，并州（今山西省太原市）
人，唐代著名诗人。

《凉州》是唐代流行的乐曲题目，很多诗人为这首乐曲
填过词，内容多写边塞生活，但不一定即写凉州（今甘肃武

威)本地风光。因此本诗里面的孤城是不是凉州还有争论。前面两句描写远上白云的黄河和万仞高山中的一座孤城,形象地反映出西域辽远荒寒的塞漠风光,境界开阔苍茫。后两句写边塞戍守战士的思乡恨别之情。诗人请吹笛者不要吹奏《折杨柳》来表达怨恨了,玉门关外,春风都吹不到,哪能有杨柳可折呢?说"何须怨",实际上是说怨也无用,正话反说,怨情表达得更加深刻。诗歌层层深入,极尽征戍离别之情。唐代小说中曾记载有"旗亭画壁"的故事,可以看出王之涣这首《凉州词》在当时的流行程度。

卷龙纹 春秋

送魏万之京①

李 颀

朝闻游子唱离歌②，昨夜微霜初渡河③。

鸿雁不堪愁里听，云山况是客中过④。

关城曙色催寒近⑤，御苑砧声向晚多⑥。

莫见长安行乐处，空令岁月易蹉跎⑦。

注释

① 魏万：又名颢(hào)。上元初进士。曾隐居王屋山，自
号王屋山人。

② 游子：指魏万。离歌：离别的歌。

③ 初渡河：刚刚渡过黄河。魏万家住王屋山，在黄河北
岸，去长安必须渡河。

④ "鸿雁"二句：设想魏万在途中的寂寞心情。

⑤ 关城：原指关隘上的城堡。这里指魏万一路所经过的
函谷关、潼关。曙色：黎明前的天色。催寒近：寒气越

来越重,一路上天气愈来愈冷。

⑥ 御苑:皇宫的庭苑。这里借指京城。砧声:捣衣声。向晚多:愈接近傍晚愈多。

⑦ 蹉跎(cuō tuó):此指虚度年华。

解析

李颀(约690—约751),籍贯不详。少年时曾寓居河南登封,开元二十三年(735)中进士,曾任新乡县尉。因久不升迁,辞职隐于颍阳。与王维、高适、王昌龄等著名诗人皆有来往,诗名颇高。其诗内容广泛,尤以边塞诗、音乐诗名扬天下。擅长五、七言歌行体,格调高昂,气势奔放,跌宕多姿,慷慨悲凉。李颀的诗歌在明代被写诗的人视为标准,主要是其诗歌安详和雅,属于正音。

这首诗歌颇能体现这一特征。魏万将去京城,诗人作此诗赠别,表达对魏万的关心。首联先交代魏万唱着离别的歌曲远去,后用"微霜渡河"这一拟人的手法补写此前天气,不言此时之萧瑟而秋意已明。颔联叙写魏万客中境况。候鸟大雁,飘零不定,嘹唳的叫声最易惹人愁思;客中的游子,行走于云雾缭绕的山中,尤感前路茫茫,黯然神伤。"不堪"、"况是"两个虚词前后呼应,进一步深化愁绪。颈联想象魏万途中及到京后所见所感。途中经过函谷关和潼关,所见乃草木摇落,似乎把寒意催来;至京后,又听到满城捣衣的砧声。诗人向魏万暗示岁月不待、年华易老之意。由此自然引出尾联诗人对魏万的告诫：不要迷恋长安的享乐，白白浪费青春，而应该抓紧时机成就一番事业。全诗情切而意深，毫无说教气息，催人奋进，古风犹存。

传统纹样欣赏

动物纹 两宋时期

古从军行

李 颀

白日登山望烽火,黄昏饮马傍交河^①。

行人刁斗风沙暗,公主琵琶幽怨多^②。

野云万里无城郭,雨雪纷纷连大漠。

胡雁哀鸣夜夜飞,胡儿眼泪双双落。

闻道玉门犹被遮^③,应将性命逐轻车^④。

年年战骨埋荒外,空见蒲桃入汉家^⑤。

注释

① 交河:唐代县名,故址在今新疆维吾尔自治区吐鲁番县
西。也是河流的名字,发源于交河县北天山,分流环绕
交河城下,故名。

② 刁斗:本是晚上宿营时用来警戒或报更的,但因风沙太
大,以致天昏地暗,行军时也敲着它传递信号,以免失
去联络。

③ 公主句：汉朝曾将江都王刘建女细君嫁给西域的乌孙国王昆莫，因为怕她在路上烦恼，就组织了一个马上乐队沿途演奏来安慰她。其中主要乐器是琵琶。这句说在塞外听到的音乐，都是幽怨的声调，像汉代公主在路上听到的琵琶演奏一般。

④ 胡儿：连本地胡人都因战争的艰苦而落泪，那么，出征的汉族士兵的生活也就可想而知了。

⑤ 玉门：汉武帝时，贰师将军李广利奉命出征西域，后因粮食缺乏，要求将部队暂时调回休整补充。汉武帝大怒，派使者拦住返途的要道玉门关，李广利因此不敢回来。

⑥ 轻车：轻车，指汉轻车将军李蔡。这是说皇帝对待将士很残暴，驱使他们进行不义的战争，不准回国，他们只好在塞外拼命。

⑦ 荒外：边疆。蒲桃：即葡萄。汉武帝进攻西域，劳民伤财，但得到的只是一些新的植物品种，如苜蓿（mù xù）、葡萄等，还有一些好马。这句是说像这样的战争，对于国家和人民来说是得不偿失的。

解析

　　这篇诗所写的虽是汉代的事情，却正是为唐玄宗的好大喜功、穷兵黩武而发。诗歌通过对边塞戍守的艰苦、边塞风土的荒寒、边塞战争的残酷的描写,和战争的得不偿失进行鲜明的对比,使读者更加清醒地看到这种开边战争的不义性质。诗歌风格雄浑,结语感慨深沉。

━━━━━━━━━━━━━ ≈ 传统纹样欣赏 ≈ ━━━━━━━━━━━━━

龙纹 清代

从军行(其二)

王昌龄

琵琶起舞换新声,总是关山离别情。
撩乱边愁听不尽①,高高秋月照长城。

注释

① 撩乱:纷乱,杂乱。

解析

　　王昌龄(约690—约756),盛唐诗人。字少伯,京兆长安(今陕西西安)人,一作太原(今属山西)人。安史之乱中返回家乡,经过亳州,被刺史闾丘晓杀害。他擅长写七言绝句,其描写边塞的诗歌气势雄浑,格调高昂。

　　王昌龄《从军行》七首,是一组描写戍边将士生活的边塞诗歌,这是其中的第二首。前三句描写边塞军营的歌舞,伴舞的琵琶奏起了新的曲子,但依然抒发着关山阻隔的离愁别恨。这琵琶曲传达出纷乱的愁思,无穷无尽,那高悬天空的秋月只照着万里长城。想此际,隔千里而共明月的家人又该是如何思念自己呢? 末尾一句和前三句似接似不接,实则荡开一笔,拉开距离,从一个更为广阔的世界去审视这一时一地的边愁,这样,也使诗歌的意境更加高远。

传统纹样欣赏

牡丹纹 宋代瓷碗

从军行(其五)

王昌龄

大漠风尘日色昏①,红旗半卷出辕门②。
前军夜战洮河北③,已报生擒吐谷浑④。

注释

① 大漠:指广阔无边的沙漠。昏:昏暗,不是指黄昏。

② 辕门:军营正门。

③ 洮(táo)河:黄河支流。源于青海省、东北流经甘肃省临洮县,入黄河。

④ 生擒:活捉。吐谷(yù)浑:古代中国西部少数民族名。此处借指少数民族首领。

解析

　　《从军行》是王昌龄写的一组边塞诗,共七首,这是第五首。诗歌格调高昂,气魄宏大,洋溢着奋勇杀敌、忘我报国的英雄主义精神。"大漠"句是说边塞之地风力极大,飞沙走石,整个世界昏天黑地。此句一方面表现气候的暴烈,同时烘托、暗示前方战斗的激烈。在此形势下,唐军不是退避自保,而是顶着恶劣的天气,半卷着红旗向前挺进,让人感觉一场恶战即将发生。就在读者期待着惊心动魄的战斗场面时,诗人却笔锋一转,告诉人们前方已经传来捷报,唐军不仅大获全胜,而且连敌酋也被生擒。整首诗歌情节曲折,既令人感到意外,又感觉合乎情理。前两句写增援部队的强大剽悍,正衬托出前锋唐军的勇猛善战,胜利并非偶然。诗人以轻快跳脱之笔,通过侧面烘托,点染战斗之激烈、唐军之凶猛,构思新奇,不落俗套,令人耳目一新。

传统纹样欣赏

蛇纹 商代晚期青铜器

长信秋词

王昌龄

奉帚平明金殿开①，且将团扇共徘徊②。
玉颜不及寒鸦色，犹带昭阳日影来③。

注释

① 奉：同捧，拿着。帚(zhǒu)：扫帚。奉帚表示扫地。平
明：清晨。金殿：这里指长信宫。

② 且：姑且。将：拿着。徘徊：既指脚步的徘徊，也指心绪
的徘徊。

③ 玉颜：洁白如玉一般的容颜，这里指汉成帝的妃子班婕
妤(jié yú)。昭阳：殿名，汉成帝宠妃赵飞燕的住处。
日：这里比喻君主、皇帝。

解析

　　这篇诗以含蓄委婉的手法，写出了历代宫廷女子不幸
的命运，抒发深沉的悲愤之情。汉成帝的妃子班婕妤才德

姿容兼备，由于受到宠妃赵飞燕的排挤，被迫离开皇帝，迁往长信宫，和太后同住。相传班婕好写有《怨歌行》一诗："新裂齐纨素，皎洁如霜雪。裁作合欢扇，团团似明月。出入君怀袖，动摇微风发。常恐秋节至，凉风夺炎热。弃捐箧笥中，恩情中道绝。"诗中将妇女的命运比成到了秋天就要被人抛弃的团扇。本诗写她失宠以后的一个秋晨，天色方晓，就拿起扫帚开始扫地。她深感自己的遭遇如同秋扇，因而对于秋扇也具有同情，即使现在已经用不着它，还是拿在手中共同徘徊。她深感自己虽然容貌如玉，但命运却不及一只寒鸦，它从昭阳殿飞来，尚且带着一缕太阳的光辉呢。

传统纹样欣赏

人物 北魏石刻

塞上听吹笛

高 适

雪净胡天牧马还，月明羌笛戍楼间①。

借问梅花何处落，风吹一夜满关山②。

注释

① 羌(qiāng)笛：古代的管乐器，长二尺四寸，笛身有三孔或四孔。因出于羌中，故名。戍楼：边塞驻军的瞭望楼。

② 梅花落：古代笛子曲有《梅花落》，这里将曲名想象为具体的梅花飘落的形象。

解析

　　此诗是因听羌笛吹奏《梅花落》这一曲调而写的，它写的是塞上风光和战士生活。诗歌通过明月、戍楼、关山、胡天等意象的运用，勾画出一幅辽阔、明朗而又别具异域风情的边塞画面。诗中最为巧妙用意的地方，在于化虚为实,将笛曲《梅花落》想象为真实的梅花飘落。耳听四处飘扬的笛声,眼中则仿佛看到一夜之间,随风落满关山的花瓣,从而将现实的听觉与想象的视觉交织在一起,使得塞上这个特定环境中壮丽苍凉的景色更为鲜明,与久戍思乡的情调也非常吻合。诗歌充满了浪漫奇特的色彩。

团花纹 唐代

苏台览古①

李 白

旧苑荒台杨柳新②,菱歌清唱不胜春③。
只今惟有西江月④,曾照吴王宫里人⑤。

注释

① 苏台:即姑苏台,故址在今江苏苏州市西南姑苏山上。
  览:观览。

② 旧苑:指苏台。苑,园林。

③ 菱歌:东南水乡老百姓采菱时唱的民歌。清唱:形容歌
  声婉转清亮。不胜:非常,十分。

④ 只今:如今,现在。

⑤ 吴王宫里人:指吴王夫差宫廷里的嫔妃。

解析

　　李白(701—762),唐代伟大的浪漫主义诗人,被后人
誉为"诗仙"。字太白,号青莲居士。祖籍陇西成纪(今甘

肃天水）。出生于碎叶城（当时属唐朝领土，今属吉尔吉斯斯坦），四岁随父迁至剑南道绵州。李白存世诗文千余篇，有《李太白集》传世。

这是一首怀古之作。诗人登上姑苏台，面对曾经繁华一时而现在荡然无存的吴宫，感慨万千，写下了这首诗歌。此诗先写吴苑、苏台的残破荒凉，而人事的变化、兴废的无常，已寓其中；然而大自然的杨柳却依旧青青，岁岁常新。在"新"与"旧"的对比中，加深了凭吊古迹的感慨。诗歌第二句是第一句后半段的延续，青青新柳之外，还有一些女子在唱着菱歌，无限春光之中，回荡着歌声的旋律。"不胜春"三字，似乎将人们的欢乐推向了极致。但此时此刻，正是这些歌声，勾引起诗人的无限怅惘：昔日的春柳春花、吴王的骄奢、西子的明艳，以及他们花前月下的歌舞，馆娃宫中的长夜之饮，都浮现于诗人的脑海中。所以后两句便点出，如今只有悬挂在西江之上的那轮明月，是亘古不变的，唯有它，才照见过吴宫的繁华，看见过像夫差、西施这样的当时人物，除了西江明月而外，谁还记得吴宫往事？诗歌吊古而不伤今，旨意遥深，感人肺腑！

春夜洛城闻笛①

李 白

谁家玉笛暗飞声②,散入春风满洛城。
此夜曲中闻折柳③,何人不起故园情④。

注释

① 洛城:即洛阳城。在今河南境内。

② 玉笛:精美的笛。暗飞声:声音不知从何处传来。

③ 折柳:即《折杨柳》笛曲,乐府"鼓角横吹曲"调名,内容
多写离情别绪。胡仔《苕溪渔隐丛话后集》卷四:"《乐
府杂录》云:'笛者,羌乐也。古典有《折杨柳》、《落梅
花》。故谪仙《春夜洛城闻笛》……'杜少陵《吹笛》诗:
'故园杨柳今摇落,何得愁中曲尽生?'王之涣云:'羌笛
何须怨杨柳,春风不度玉门关。'皆言《折杨柳》曲也。"
曲中表达了送别时的哀怨感情。

④ 故园:指故乡,家乡。

解析

　　这首诗写乡思，是诗人李白客居洛城时所作。全诗扣紧一个"闻"字，抒写自己闻笛的感受。诗的第一句是猜测性的问句。诗人不说闻笛，而说笛声"暗飞"，变客体为主体。似乎那断续、隐约的笛声不管人的意愿，强迫人们聆听，却又不期然打动了听众。第二句说笛声由春风均匀地传遍洛阳城。这是诗人主观的极度夸张。"满"与"散"二字密合无间，极力表现笛声传播之广，同时写出其城之静，为下文诗人思乡之情作铺垫。第三句写诗人细听笛声，原来是表现离情别绪的《折杨柳》。最后一句水到渠成地指出，在这样的夜晚，这样的笛声中，谁能不被引发思念故乡家园的情感呢？言下之意，诗人李白自己非常思念故乡！诗歌至此戛然而止，但余韵袅袅，令人回味无穷。

〜〜 传统纹样欣赏 〜〜

虎纹 隋唐时期

听蜀僧濬弹琴①

李 白

蜀僧抱绿绮②，西下峨眉峰③。

为我一挥手④，如听万壑松⑤。

客心洗流水⑥，余响入霜钟⑦。

不觉碧山暮⑧，秋云暗几重⑨。

注释

① 蜀僧濬(jūn)：即蜀地的僧人名濬的。

② 绿绮：琴名。晋傅玄《琴赋序》："楚王有琴曰绕梁，司马相如有绿绮，蔡邕有焦尾，皆名器也。"司马相如是蜀人，这里借用"绿绮"更切合蜀地僧人。

③ 峨眉：山名，在今四川峨眉县。

④ 一：助词，用以加强语气。挥手：这里指弹琴。嵇康《琴赋》："伯牙挥手，钟期听声。"

⑤ 万壑松：意指万壑松声。这是以万壑松声比喻琴声。

琴曲有《风入松》。壑,山谷。这句是说,听了蜀僧濬的琴声好像听到万壑松涛雄风。

⑥ "客心"句:听了蜀僧濬弹的美妙琴声,我郁结的情怀,像经过流水洗了一样感到轻快。客:诗人自称。流水:《列子·汤问》:"伯牙鼓瑟,志在高山,钟子期曰:'峨峨然若泰山。'志在流水,曰:'洋洋乎若江河。'子期死,伯牙绝弦,以无知音者。"这句诗中的"流水",语意双关,既是对僧濬琴声的比喻,又暗用了伯牙善弹的典故。

⑦ 余响:指琴的余音。霜钟:指钟或钟声。这句诗是说琴音与钟声交响。

⑧ "不觉"句:意思是因为听得入神,不知不觉中天就黑下来了。

⑨ 秋云:秋天的云彩。暗几重:意即更加昏暗了。

解析

　　这是一首表现音乐的诗作,极写蜀僧琴曲弹奏的出神入化。首联叙事,写蜀僧怀抱"绿绮"之琴,气宇轩昂地从峨眉而来,诗人对他既感亲切又感倾慕。颔联正面描写蜀僧弹琴。蜀僧如伯牙为钟子期挥手演奏,琴声如万壑松涛之音,铿锵有力。颈联写琴声荡涤胸怀,诗人心灵好像被流水洗过一般畅快,心旷神怡,同时利用典故暗示蜀僧已与自己通过音乐建立知己关系。尾联写诗人听琴入神,而不知时日将尽,反衬弹琴之高妙诱人。全诗一气呵成,势如行云流水,明快畅达。看似不经意作成,实则立意、构思、对仗、用典,都经过巧妙安排,可见要写好一首诗歌,即便像李白这样的大诗人也不是随随便便写成的。

------------------ ❧ **传统纹样欣赏** ❧ ------------------

龙纹 春秋时期

渡荆门送别①

李 白

渡远荆门外，来从楚国游②。

山随平野尽③，江入大荒流④。

月下飞天镜⑤，云生结海楼⑥。

仍怜故乡水⑦，万里送行舟。

注释

① 荆门：荆门山，在现在湖北宜都西北长江南岸，与北岸
虎牙山对峙，形势险要。

② 楚国：楚地，指今湖南、湖北一带。

③ 平野：平坦广阔的原野。

④ 大荒：广阔无际的荒野。

⑤ 月下飞天镜：明月映入江水，如同飞下的天镜。下：
移下。

⑥ 海楼：海市蜃楼。这里形容江上云霞的美丽景象。

⑦仍:依然。怜:爱。一本作"连"。故乡水:指从四川流来的长江水。因诗人从小生活在四川,把四川称作故乡。

解析

　　这首诗歌的诗题中有"送别"二字,然而诗歌却无离情别绪,表达的是诗人离开家乡四川,前往湖北、湖南一带游览楚国时对家乡的眷念之情。首联交代诗人出行路线及目的地。中间两联写生活于蜀中的诗人初次出峡,见到广阔平原时的新鲜感受。诗人以游动的视角写出了景物的变化,船由蜀地到荆门,山峦从作者的眼中渐渐消失,眼前的平原旷野使诗人的视域顿然开阔。奔腾直泻的水流从山峦奔向江河中,仿佛流入荒漠辽远的原野,用一"入"字,写出了高远的境界。所写之景蕴藏着诗人喜悦开朗的心情和青春的蓬勃朝气。颈联"月下"句写长江夜晚近景。长江流过荆门以下,河道迂曲,流速减缓。江面平静处,月亮倒映在水中,好像天上飞来一面明镜。"云生"句写白天远景,天空中云蒸霞蔚,如海市蜃楼般奇幻。诗歌尾联写李白面对那流经故乡的滔滔江水,不禁起了思乡之情。诗人的表述非常巧妙,不说自己思念家乡,却说故乡之水与他依依难舍,不远万里为自己送别。如此结尾,使诗歌言有尽而情无穷。

菩萨蛮

李 白

平林漠漠烟如织①,寒山一带伤心碧②。

暝色入高楼③,有人楼上愁。

玉阶空伫立④,宿鸟归飞急。

何处是归程,长亭连短亭⑤。

注释

① 平林:平远展开的树林。漠漠:广阔的样子。

② 伤心:极其,万分。杜甫《滕王亭子》"清江锦石伤心丽"
中的"伤心"也是这个意思,是唐代四川的方言。

③ 暝(míng)色:暮色。

④ 伫(zhù)立:久久地站立。

⑤ 长亭、短亭:古时设在驿路边供行人休息的亭舍,古语
有所谓"十里一长亭,五里一短亭"。

解析

　　《菩萨蛮》和下一篇《忆秦娥》相传是李白的作品，也有学者认为是晚唐五代无名氏的作品。这两篇词作因其高度的艺术成就，被后人称为"百代词曲之祖"。《菩萨蛮》写的是望远怀人的情景。词作一开始就写出了暮烟笼罩下的莽莽苍苍的大片树林和远处一线青碧色的寒山。在这凉秋薄暮之时，暮色侵入并淹没了高楼，高楼之上，有一位思念远方亲人的女子，苍茫的暮色更是引起了她的千愁万绪。傍晚时分，归巢的鸟儿急匆匆地飞过，而这个女子只能徒然地伫立在高楼的台阶之上，放眼望去，长亭连接着短亭，而自己所思念的亲人在哪里呢？词作通过对景物的点染，很好地刻画了主人公的心理状态，所谓"一切景语皆情语"，诗歌中的景物染上观察者的主观感情色彩，可以很好地服务于作品主题的表达。

忆秦娥

李 白

箫声咽。秦娥梦断秦楼月①。

秦楼月。年年柳色,灞陵伤别②。

乐游原上清秋节③。咸阳古道音尘绝④。

音尘绝。西风残照,汉家陵阙⑤。

注释

① 咽(yè):呜咽幽怨的声音。秦娥:秦地的美丽女子。梦
断:梦中惊醒。

② 灞陵:在今天陕西省西安市东,因汉文帝葬于此而得
名。附近有灞桥,在这里折柳送别远行的亲朋好友,是
古代的风俗。

③ 乐游原:在唐代长安的东南方,地势高爽,可以瞭望京
城及周围的帝王陵墓,是当时著名的游览胜地。

④ 咸阳:在长安之西,曾为秦代的都城,汉唐时期,远赴西

北边塞者,都要经过此地。音尘:音信。

⑤ 汉家陵阙:西汉帝王的陵墓,都在长安的周围。阙:指树立在帝王陵墓前方的高大石柱。

解析

　　《忆秦娥》一词借秦娥之闺怨来抒写家国兴亡的悲慨。词作入手即写一位秦地的美丽女子被幽怨呜咽的箫声从梦中惊醒,此时皎洁秋月的清晖正洒在闺楼的窗户之上。这位女子再也无法入眠,思量起春天折柳送别的亲人,几经春秋,却仍不见归来。在清秋佳节登上乐游原,凭高望远,向西眺望,可以望见远赴西北边塞的咸阳古道。而自己思恋的人却音信全无。萧萧西风,落日余晖,当年辉煌的大汉帝国也只剩下那帝王陵墓上高大的石阙,在斜阳光中巍峨矗立。家耶国耶,兴也亡也,历史的时空似乎定格凝固于此种悲壮苍凉之中。著名学者王国维极为称赞这首小词,他认为这首作品气象弘壮,特别是"西风残照,汉家陵阙"两句,足以让古今写登临怀古的人闭口。

送友人入蜀

李 白

见说蚕丛路①,崎岖不易行。

山从人面起,云傍马头生。

芳树笼秦栈②,春流绕蜀城③。

升沉应已定,不必问君平④。

注释

① 见说:听说。蚕丛:传说中古蜀国的君主。蚕丛路:代
   指入蜀的道路。

② 栈(zhàn):栈道,在绝壁上架木而成的道路。秦栈:自
   秦入蜀的栈道。

③ 蜀城:指成都。

④ 君平:西汉时人严遵字君平,隐居不仕,在成都市上为
   人占卜。这两句是说人的命运的升沉起伏已成定局,
   不必再求神问卜了。

解析

　　这首诗是李白在长安送朋友到成都去而写的送行诗。诗歌生动地描写了千里蜀道的崎岖艰险：峭壁在行人面前突兀而起，可见险峻之极；白云紧挨着马头飘忽滋生，方悟高入云端。虽然危险，但从芳树笼罩的栈道，到达春水环绕的锦城，那里繁花似锦，春光明媚，可以化解旅途上的颠簸惊心。至于人生的荣辱升沉，自有定分，不必去求神问卜，只要安于本分就可以了。诗歌既充分描写了蜀道的特点，又给友人以安慰和鼓励，最后明之以哲理，劝勉朋友对于人生的各种不如意要安之若素。

〰️ 传统纹样欣赏 〰️

水仙花纹 清代

访戴天山道士不遇①

李 白

犬吠水声中②，桃花带露浓③。

树深时见鹿，溪午不闻钟。

野竹分青霭④，飞泉挂碧峰。

无人知所去，愁倚两三松。

注释

① 戴天山：山名，在四川昌隆县北五十里。不遇：没有
遇到。

② 吠：狗叫。

③ 带露浓：意即挂满了露珠。

④ 青霭(ǎi)：青色云气。

解析

　　李白早年曾在戴天山中读书,这首诗大约写于此时。全诗八句,前六句写"访",描写景色的优美;末两句写"不遇",抒发惆怅之情。诗歌首句写所闻,泉水淙淙,犬吠隐隐;次句写所见,桃花带露,浓艳耀目。颔联写山林之幽静:鹿性喜静,而诗人时见;正午本该打钟,却不闻其声。颈联写道院前之所见。"野竹"与青霭颜色相近,乍看浑然一体,细看方可分辨;"飞泉"白色,与山峰之青碧区别显然,故一目了然。以上六句景物描写,既可表现出道院环境的清雅幽静,又可反映出道士的淡泊与高洁。结尾两句通过询问,证实道士的确不在,写出了诗人造访不遇时怅然若失的样子。值得称道的是,诗人写"不遇"的惆怅不是直接说出,而是用倚松的动作表现,用笔迂回含蓄。本首诗歌一个重要的特点是"无一字说道士,无一句说不遇,却句句是不遇,句句是访道士不遇"。

传统纹样欣赏

花卉纹 清代

少年行

王 维

新丰美酒斗十千①，咸阳游侠多少年②。
相逢意气为君饮③，系马高楼垂柳边。

注释

① 新丰：古县名，汉置，治所在今陕西临潼（tóng）县东北。据史书记载，西汉初年，刘邦建都长安，因其父怀念故乡，故将家乡丰县父老迁居于此，置新丰县。新丰盛产美酒，谓之新丰酒。斗（dǒu）十千：一斗酒值十千钱。形容酒的名贵。斗，古代的盛酒器。

② 咸阳：秦朝的都城，故址在今陕西咸阳市东北二十里。此借指唐都长安。游侠：游历四方的侠客。少（shào）年：年轻人。

③ 意气：指两人之间感情投合。系（jì）马：拴马。第三、四句写游侠少年因意气相投而欢饮纵酒。

解析

　　王维（701—761），字摩诘（名字合之为维摩诘，维摩诘是一个在家修行的大乘佛教居士），祖籍山西祁县。开元九年（721）中进士第，早年有进取之心，后因厌恶官场的黑暗，不愿随俗浮沉，长期过着半官半隐的生活。王维具有多方面的艺术才能，尤擅诗画。他被后人视为唐代三大诗人之一，誉为"诗佛"，与"诗圣"杜甫、"诗仙"李白并提。他又是"山水田园诗派"的代表作家，与孟浩然并称"王孟"。

　　这是王维的七绝组诗《少年行》（共四首）中的第一首，歌咏长安少年游侠高楼纵饮的豪情。前两句用对举方式写"新丰美酒"与"咸阳游侠"的相得益彰，美酒为少年游侠增色，游侠因美酒显现风流。有了这两句的铺垫，第三句自然将新丰美酒与游侠少年连结到一起，侠少们相逢论交，意气相投，豪纵而饮。至此，读者可能会进一步期待下句描述宴饮场面，不料诗人却笔锋一转，展示给读者一幅由马、高楼、垂柳组成的画面。这样的写法，可谓构思独到，别出心裁：一方面回避了"诗思"的平铺直叙，另一方面又通过画面的点缀，将游侠少年豪爽、飘逸，不流于市井的鄙俗的精神气质表现出来。

伊州歌

王 维

清风明月苦相思，荡子从戎十载余^①。
征人去日殷勤嘱："归雁来时数附书^②。"

注释

① 荡子：离家远游之人，即下文的"征人"。从戎：从军。
  十载：十年。
② 附书：古代有大雁传书的传说。

解析

　　这是一首描写妻子思念远游不归的丈夫的诗歌。清
风明月之夜，妻子却独守空房，苦苦思念远方的游子。游
子离家从军已有十多年啦。回想当年离别之时，自己反反
复复殷勤叮嘱："当秋天大雁飞回来时，一定要多多地寄家
书来啊！"诗歌采用倒叙的手法，只说离别时的嘱咐，一字
未及别后的音书断绝，而音讯杳然的苦衷却可于言外见
出，这是诗歌特有的含蓄写法。

送元二使安西

王 维

渭城朝雨浥轻尘①,客舍青青柳色新。
劝君更尽一杯酒,西出阳关无故人②。

注释

① 渭城:即秦都咸阳故城,在唐长安城西北。浥(yì)轻
尘:沾湿了地面的尘土,使其不能飞扬。浥,沾湿,
湿润。

② 阳关:古代通往西域的边关要塞,故址在今甘肃敦
煌南。

解析

　　这是一首送别朋友远行的诗歌。送别的对象元二,现
在已经不知道他的具体情况了。元二奉命出使安西,安
西,即安西都护府,治所(古代地方长官的官署)在今天新
疆维吾尔自治区的库车附近。送别的地点是长安城西北

的渭城，人们习惯在此地送别往西北边塞去的行人。送别的时间是一个春天的早晨，天空刚刚洒过一阵细雨，沾湿了地面的尘土，也使客舍边的杨柳焕然一新。一次又一次地劝酒，依依惜别的深情，都化作一句话：请你再喝一杯酒吧，出了阳关就再也没有老朋友啦！作为一首绝句，这首诗可谓惜墨如金，剪裁得当，将送别的高潮画面浓墨重彩地写出。这首绝句在当时极为流行，曾谱曲演唱，称为《渭城曲》，也叫《阳关三叠》。

狩猎纹 西汉时期金错铜车饰

钓鱼湾

储光羲

垂钓绿湾春，春深杏花乱①。

潭清疑水浅，荷动知鱼散。

日暮待情人，维舟绿杨岸②。

注释

① 春深：春意浓郁。特指晚春、暮春。乱：纷繁。

② 维舟：系着小船。

解析

　　储光羲(707—约760)，祖籍兖州(今属山东)，后迁居江苏丹阳。唐开元十四年(726)登进士第，官至监察御史。安禄山陷长安，受伪职。安史之乱后，被贬谪，死于岭南。他为盛唐著名田园山水诗人之一，与王维有交往。其诗多为五古，擅长以质朴淡雅的笔调，描写恬静淳朴的农村生活和田园风光。

这首诗写诗人等待与情人（也可能指朋友）约会的情景，不过他打着钓鱼的幌子。诗歌一、二句写暮春季节钓鱼湾的动人景色，烘托爱情的美好；而杏花的纷纷繁繁，又衬托诗人的急切心情。三、四句继续写景，也进一步写诗人的内心活动。水清见底，担心没有鱼来上钩（暗示情人不来）；荷叶摆动，以为情人赴会，细看方知鱼儿散开，说明心不在焉。最后两句点明诗人此行钓鱼的真实目的。诗人不把这两句点明爱情的诗句开门见山地放到篇首而置于篇尾，显示出诗人独具匠心，使得诗歌更具可读性。

传统纹样欣赏

凤鸟纹　商周时期

水槛遣心

杜 甫

去郭轩楹敞①，无村眺望赊②。

澄江平少岸③，幽树晚多花。

细雨鱼儿出，微风燕子斜。

城中十万户，此地两三家。

注释

① 去郭：远离城郭。轩楹（yíng）：指草堂的建筑物。轩，长廊；楹，柱子。敞：开朗。

② "无村"句：指因附近无村庄遮蔽，故可远望。赊（shē）：长，远。

③ "澄江"句：澄清的江水高与岸平，因而很少能看到江岸。

解析

杜甫(712—770),字子美,河南巩县(今河南巩义)人,自号少陵野老,唐代伟大的现实主义诗人,与李白合称"李杜"。杜甫也常被称为"老杜"。杜甫在中国古典诗歌中的影响非常深远,被后人称为"诗圣",他的诗被称为"诗史"。后世称其杜拾遗、杜工部,也称他杜少陵。杜甫虽然在世时名声并不显赫,但对后代诗歌产生了深远的影响。

这首诗是《水槛遣心》二首中的第一首。全诗紧紧围绕诗题中的关键词"遣心"展开,然而诗人的写法却很巧妙,诗歌中自始至终没有"遣心"的字眼,却处处可见遣心之意。诗歌首先写自己所处草堂环境:远离城郭,轩楹宽敞,因没有村庄阻隔,能够极目远眺。中间四句紧承上文,描写眺望之景。"澄江"句写远景:清澈的江水,浩淼无垠,似与江岸齐平;"幽树"句写近景,春日黄昏,树木葱茏,繁花似锦。如果说三、四两句主要写的是静景,那么五、六两句则写动景。细雨中,鱼儿不时跃出江面;微风里,燕子迎着风势斜飞。刻画细腻,描绘生动。七、八两句呼应起首两句,以"城中十万户"与"此地两三家"对比,更显得草堂的闲适幽静。全诗表达了诗人优游闲适的心情和对大自然、春天的热爱。诗歌八句都是对仗,读来却毫无板滞之感,可见诗人深厚的功力。

望　岳①

杜　甫

岱宗夫如何②？齐鲁青未了③。

造化钟神秀④，阴阳割昏晓⑤。

荡胸生曾云⑥，决眦入归鸟⑦。

会当凌绝顶⑧，一览众山小。

注释

① 岳：此指东岳泰山。

② 岱宗：泰山亦名岱山或岱岳，在今山东泰安市城北。古
代以泰山为五岳之首，诸山所宗，故又称"岱宗"。历代
帝王凡举行封禅大典，皆在此山。这里指对泰山的尊
称。夫如何：夫(fú)，发音词，无实在意义，强调疑问语
气。夫如何，怎么样。

③ 齐、鲁：古代齐鲁两国以泰山为界，齐国在泰山北，鲁国
在泰山南。即山东地区。原是春秋战国时代的两个国

名,故后世以齐鲁大地代称山东地区。青:指山色。未
了:不尽,不断。青未了:指郁郁苍苍的山色无边无际,
浩茫浑涵,难以尽言。

④ 造化:天地万物的主宰者,这里指大自然。钟:聚集。
神秀:(指泰山)神奇秀丽(的景色)。

⑤ 阴阳:阴指山之北,水之南;阳指山之南,水之北。这里
指泰山南北。昏晓:黄昏和早晨。此句是说泰山很高,
在同一时间,山南山北判若早晨和晚上。

⑥ 荡胸:心胸摇荡。曾:通"层"。

⑦ 决眦(zì):极力张大眼睛。决,裂开;眦,眼眶。入:收
入眼底,即看到。

⑧ 会当:应当,定要。

解析

　　杜甫共有三首《望岳》诗,分咏东岳(泰山)、南岳(衡
山)、西岳(华山)。这一首是望东岳泰山。全诗紧紧围绕
诗题中的"望"字展开描写。首联写远望泰山。诗人乍见
泰山,惊叹仰慕得不知如何形容,而不由自主发出"岱宗夫
如何"(我如何形如泰山呢?)这样的疑问。"齐鲁青未了",
是诗人独特的感受,说泰山横亘并越出齐鲁两个大国,以
距离之远来烘托出泰山之高。颔联写近望泰山。大自然
在这里凝聚了一切神奇秀丽之景,令人目不暇接;山川雄

伟异常,山南山北如同被分割为黄昏与白昼。颈联写凝望泰山:山中冉冉升起的云霞,荡涤着我的心灵;暮归的鸟儿又撞入我的视野。尾联为"点睛"之笔,常为后人所引用,写诗人想象俯看泰山的感觉:我登上泰山的顶峰朝下鸟瞰,众山肯定会显得极为渺小。这首诗歌不仅写出了泰山的雄壮秀丽,而且表现出诗人不怕困难、敢于攀登、俯视一切的雄心和气概,洋溢着青年时期杜甫蓬勃的朝气。

传统纹样欣赏

凤纹 清代

春夜喜雨

杜 甫

好雨知时节①,当春乃发生②。

随风潜入夜,润物细无声③。

野径云俱黑④,江船火独明。

晓看红湿处⑤,花重锦官城⑥。

注释

① 好雨:指春雨,及时的雨。

② 发生:出现。这里指降落。

③ 润物:植物受到雨水的滋养。

④ 野径:田野间的小路。

⑤ 红湿处:指带有雨水的红花的地方。

⑥ 花重(zhòng):花因沾着雨水,显得饱满沉重的样子。

锦官城:故址在今成都市南,亦称锦城。三国蜀汉管理
织锦之官驻此,故名。后人又用作成都的别称。

解析

　　俗话说，"春雨贵如油"。杜甫的这首诗就是赞美春雨、抒发喜雨之情的。诗歌开头四句赞美春雨：春雨似乎也知晓时节、善解人意，在人们最需要的时候淅淅沥沥地下了起来；一个"潜"字，把春夜之雨的特点——"润物"而"无声"充分地表达了出来。第三联写诗人因喜雨而不由自主地开门看雨；又因夜晚，所见不过是"野径"与"云"全都一片漆黑，唯有远处渔舟上的灯火是亮的。爱而不见，寤寐思之。最后一联乃诗人想象之辞，猜想明天早晨，锦官城将是一片万紫千红的春色，这正是春雨的功劳。诗歌不着一个"喜"字，而诗人对即时而至的春雨的喜爱之情却处处可见。这首诗歌读来轻松活泼，与其主导诗风"沉郁顿挫"迥然不同，从中可见杜甫生活与生命情趣的另一侧面。

传统纹样欣赏

龙纹 春秋时期

月夜忆舍弟①

杜 甫

戍鼓断人行②，边秋一雁声③。

露从今夜白④，月是故乡明。

有弟皆分散，无家问死生。⑤

寄书长不达⑥，况乃未休兵⑦。

注释

① 舍弟：自己的弟弟。

② 戍鼓：戍楼上的更鼓。断人行：指鼓声响起后，就开始宵禁。

③ 边秋：边塞的秋天。

④ 露从今夜白：指在节气"白露"的那一个夜晚。

⑤ "有弟"两句：弟兄分散，家园无存，互相间都无从得知死生的消息。

⑥ 长：一直，老是。达：到。

⑦ 况乃：何况是。未休兵：战争还没有结束。

解析

　　这是杜甫在安史之乱中怀念弟弟们的诗作。常见的怀人思亲题材,杜甫同样表现得别具匠心。诗歌题目是"月夜",作者却不从月夜写起,而是先写边塞独特的秋景:路断行人,戍鼓雁声。这两句为全诗渲染了浓重的悲凉氛围。颔联点题:今夜露白,故乡月明,诗人用倒装的手法,将平常的意思表达得新颖得体,寓意深远。以上四句看似与忆弟无关,实则字字忆弟,句句有情。不仅望月怀乡写出"忆",就是闻戍鼓,听雁声,见寒露,也皆令人感物伤怀,引发思念。古人常望月思亲,颈联因此转入抒情,过渡自然,了无痕迹。弟兄离散,天各一方;家已不存,生死难卜,概括写出了诗人伤心断肠的感受。尾联紧承五、六两句,进一步抒发内心的忧虑之情:亲人们四处流散,平时寄书尚且常常不达,更何况战事当前、生死难料之际?结尾含蓄蕴藉,含有不尽之意。

客至①

杜 甫

舍南舍北皆春水②，但见群鸥日日来③。

花径不曾缘客扫④，蓬门今始为君开⑤。

盘飧市远无兼味⑥，樽酒家贫只旧醅⑦。

肯与邻翁相对饮⑧，隔篱呼取尽余杯⑨。

注释

① 客至：客指崔明府。杜甫在题后自注："喜崔明府相
   过。"明府，县令的美称。

② 舍：指家。

③ 但见：只见。此句意谓平时交游很少，只有鸥鸟不嫌
   弃，能与自己相亲。

④ 花径：长满花草的小路。

⑤ 蓬门：用蓬草编成的门户，以示房子的简陋。

⑥ 市远：离市集远。兼味：多种美味佳肴。无兼味，谦言
   菜少。

⑦ 樽：酒器。旧醅：隔年的陈酒。樽酒句：古人好饮新酒，杜甫以家贫无新酒感到歉意。

⑧ 肯：能否允许，这是向客人征询。

⑨ 呼取：叫，招呼。余杯：余下来的酒。

解析

　　这是杜甫招待客人的诗歌。整首诗歌洋溢着浓郁的生活气息，诗人的热情、诚朴亦寓于其中。

　　首联交代诗人所处草堂的环境，同时点明平时少有客人光临。颔联用与客交谈的方式表明诗人对客人的尊重之情及诗人自己的喜悦之感。颈联由前面的虚写客至转而实写用酒菜待客并对自己招待不周表示歉意。诗歌至此，已成强弩之末，不料诗人在尾联巧妙地以呼喊邻翁共饮作陪作结，把席间的气氛推向更热烈的高潮，真可谓峰回路转，别开境界。

　　这首诗以真情实意动人，把门前景、家常话、身边情，编织成富有情趣的生活场景，显示出浓郁的生活气息和人情味。

前出塞

杜 甫

挽弓当挽强,用箭当用长。

射人先射马,擒贼先擒王。

杀人亦有限,列国自有疆①。

苟能制侵陵②,岂在多杀伤?

注释

① 列国:各国。疆:疆界。

② 侵凌:侵略。

解析

　　《前出塞》是杜甫写的一组诗歌,共九首,这是其中的第六首。诗歌分为两层,前四句通过整齐的歌谣的形式,说明如何才能使军队具有强大的战斗力,如何才能在战场上出奇制胜。善用强弓长箭,才能造就一支战无不胜的队伍。而与敌作战,更要讲究战略战术,擒贼擒王,击中要害,以最小的代价得到最好的战果。后四句忽然转变题旨,指出每个国家都有自己的疆界,战争的目的是制止敌人的侵略,而不是大量地杀死敌人,更不是凭借强大武力开拓边疆,侵略他国。这首诗先扬后抑,以议论取胜,表达了对唐玄宗穷兵黩武政策的批评,也体现出中华民族热爱和平、反对侵略的可贵思想。

❖ 传统纹样欣赏 ❖

翼龙纹 汉

八阵图

杜 甫

功盖三分国①，名成八阵图②。
江流石不转③，遗恨失吞吴④。

注释

① 盖：超过、超越。三分国：指魏蜀吴三国鼎立的局势。

② 八阵图：相传为诸葛亮所创立的八种战斗阵型，位于白帝城下长江边沙滩上。所谓的八阵，是指天、地、风、云、龙、虎、鸟、蛇八种阵势。

③ 石不转：根据古人记载，诸葛亮八阵图由六十四个小石堆组成，星罗棋布，每年夏天长江涨水之时，会淹没这些石堆；但当秋冬水落以后，岸边其它的事物都失去了原貌，而这些小石堆却依然如故，整齐地排列着。

④ 遗恨：遗憾。失：失误。吞吴：指刘备为了给关羽报仇，贸然进攻东吴，大败而归一事。

解析

　　这是一首吟咏历史遗迹的诗歌。当杜甫漂泊到白帝城一带，看到三国时期诸葛亮留下的八阵图，写了这首咏史诗，来评论诸葛亮的功业和心迹。诸葛亮辅佐刘备，成就了三分天下的盖世功业。他的军事才能突出地表现在八阵图中。经过五六百年的风风雨雨，八阵图依然如故。当年由于刘备意气用事，不听诸葛亮的劝阻，打破联吴抗曹的基本国策，使恢复汉室的大业终成泡影。所以诸葛亮一生最大的遗憾就是蜀汉要想吞并吴国这个意图的失误。诗歌借助八阵图的历史遗迹，非常精辟地评价了诸葛亮的功业及其内心世界，是以诗论史的精彩作品。

✿ 传统纹样欣赏 ✿

香草夔龙纹 清代

春望

杜甫

国破山河在，城春草木深①。

感时花溅泪，恨别鸟惊心②。

烽火连三月，家书抵万金③。

白头搔更短，浑欲不胜簪④。

注释

① 国破：指长安被安史叛军占领。国，国都。这两句是说长安被占领以后，春来一片荒芜。

② 感时：感慨危难的时世。这两句意指花上的露水是为感时而溅泪；鸟的鸣叫是因恨别而惊心。

③ 烽火：代指战争。三月：代指时间很长。家书：家信。当时杜甫的妻儿借住在长安以北的鄜（fū）州。抵万金：极力言其难能可贵。抵，犹言"值"。

④ 浑欲：简直要。胜（shēng）：承受。此句是说白发脱落很多，越搔越短少，简直插不住簪（zān）子了。

解析

　　安史叛军攻陷长安后,杜甫被掳至城中,感时伤世,思念家人,乃作此诗。都城沦陷,唯有山河仍在;春来草深,城中几无居人。春花春鸟,这些平时悦目动听之物,现在都使人泪花飞溅,惊心动魄。战火纷飞,绵延数月,一封家书之珍贵,抵得上万两黄金。诗人为时事愁白了头,搔首愁叹,白发越搔越短,简直连一根发簪都承受不住。诗歌极为凝练,极为沉痛,忧国忧民之情,令人低回不已。

◈◈◈ 传统纹样欣赏 ◈◈◈

花卉纹　清代

闻官军收河南河北

杜 甫

剑外忽传收蓟北①，初闻涕泪满衣裳。
却看妻子愁何在②？漫卷诗书喜欲狂③。
白日放歌须纵酒④，青春作伴好还乡⑤。
即从巴峡穿巫峡⑥，便下襄阳向洛阳⑦。

注释

① 剑外：今四川剑阁县北大小剑山之间有剑门关。唐人
  以长安为中心，称剑门以南地区为剑外，也通作四川的
  代称。杜甫当时身在四川，所以如此说。蓟北：泛指蓟
  州、幽州一带（今河北北部地区），是安史叛军盘踞和发
  动叛乱的地方。

② 却看：回头看。妻子：妻子和儿女。

③ 漫卷：胡乱地卷起。

④ 放歌：放声高歌。纵酒：纵情喝酒。

⑤ 青春：指春天。春天草木皆绿，故说青春。诗人想象在春天还乡，有春景作伴，好不舒畅。

⑥ 巴峡、巫峡：地名，均为长江中的峡口。

⑦ 襄阳、洛阳：地名。前者在湖北，是杜甫的祖籍所在；后者在河南，即唐代东京。杜甫在本诗末句自注："余有田园在东京"。诗人规划的返乡路线是先走水路出三峡，再转陆路经襄阳至洛阳。

解析

　　这首诗一反杜诗的沉郁风格，写他在四川忽然听到唐朝官军收复河南河北失地的喜悦心情。全诗几乎句句抒情：第一句"忽传"二字，说明好消息来得突然，凸现出诗人的喜出望外；其余各句，则写听到喜讯后自己与家人的种种反应。诗人老泪沾襟，妻儿破颜为笑，是写"初闻"后的激动心情；漫卷诗书，手忙脚乱，写狂喜之态；放歌纵酒、春日还乡，写狂喜之想。最后两句写诗人想象中的返乡之旅，"穿"、"下"等字，尤其可见其轻松的心情。前人评说这是杜甫"生平第一首快诗"，非常确切。抗日战争胜利后，当日寇投降的消息传到大后方，许多流亡的文人齐声吟唱此诗，可见其感人之深。

碛中作^①

岑 参

走马西来欲到天^②，辞家见月两回圆^③。
今夜不知何处宿？平沙万里绝人烟^④。

注释

① 碛(qì)：沙漠。

② 走马：骑马疾走。走，驰骋。

③ 辞：告别，离开。两回圆：表示两个月。

④ 平沙：广阔的沙漠。绝：没有。

解析

　　岑参(约 715—770)，原籍南阳(今河南新野)，迁居江陵(今属湖北)。唐代诗人。他出身于官僚家庭，曾祖父、伯祖父、伯父都官至宰相，父亲两任州刺史。父亲早死，家道衰落。他自幼从兄受书，遍读经史。二十岁至长安，求仕不成，奔走京洛，北游河朔。三十岁举进士，授兵曹参军。天宝间，两度出塞，居边塞六年，颇有雄心壮志。安史乱后官至嘉州刺史，世称岑嘉州。岑参与高适并称"高岑"，同为盛唐边塞诗派的代表。

这首诗大约写于岑参第一次从军西征时。首句从空间落笔，走马疾行，几欲至天边。这一句既展现了西北高原野旷天低的气势，又表明边塞离家之远，为下一句抒情做铺垫。次句则从时间着眼，点明诗人已离家赴边达两月之久，同时表明见圆月而思家之情。就在读者以为诗人继续写思乡之情时，诗歌却转而以设问的形式将读者拉回到现实——"今夜不知何处宿"？最后一句诗人却似答非答，转笔写沙漠中阔大而苍凉之景，似乎诗人已经忘记了自己的提问。杜甫称赞岑参的诗"篇终接浑茫"，这首诗的结尾浑成厚实，气象阔大，正是杜甫概括的极好的注脚。

传统纹样欣赏

花瓶纹 清代

山房春事

岑 参

梁园日暮乱飞鸦①,极目萧条三两家②。
庭树不知人去尽,春来还发旧时花。

注释

① 梁园:西汉梁孝王所建,也称梁苑、兔苑,在今天河南商
丘市东。唐人常以梁园指大梁城(今河南开封)。

② 极目:满目,满眼。萧条:荒凉冷落。

解析

　　这首七绝是描写战乱之后大梁城的荒凉景象的,但写
法上极有特点。前两句正面描写大梁城的萧条冷落,乌鸦
乱飞,满目荒凉,城市之中只有三两户人家。后两句则从
反面来写,春天到来,自然界依旧是树绿花红,在绚烂春色
的反衬下,更加凸现出人事的萧条。自然界是没有人类感
情的,物之无情,更显得人之多情,也更使人难以接受残酷
无情的现实。

除夜宿石头驿

戴叔伦

旅馆谁相问？寒灯独可亲。

一年将尽夜，万里未归人。

寥落悲前事①，支离笑此身②。

愁颜与衰鬓，明日又逢春。

注释

① 寥落：孤单寂寞。

② 支离：漂泊流离。

解析

戴叔伦(732—789)，润州金坛(今江苏金坛)人，唐代中期著名诗人。

石头驿在今天江西新建县赣江西岸。这是一首描写节令的诗歌。除夜，即除夕之夜，是全家欢聚，辞旧岁、迎新年的重要节日。但作者却在除夕之夜独宿旅馆,独对寒灯。此时此刻,此情此景,诗人的孤独凄凉之感倍加浓重。本诗情景交融,平易动人,其中的"一年将尽夜,万里未归人"两句,更是描写客中除夕的绝唱,历来脍炙人口。

凤凰戏牡丹 明代缂丝

送李端

卢　纶

故关衰草遍，离别自堪悲。

路出寒云外，人归暮雪时。

少孤为客早，多难识君迟。

掩泪空相向，风尘何所期①？

注释

① 风尘：指乱世。

解析

　　卢纶（739—799），字允言，蒲州（今山西省永济市）人。唐代中期诗人，与钱起等并称为"大历十才子"。

　　这是一首送别友人的诗歌。李端是卢纶的好友，也是大历十才子之一。全诗以离别之"悲"为中心，着重描写在乱世中送别好友的凄凉场面。正是天寒日暮的时分，看着好友踏上漫漫旅途,消失在远方云烟之中。诗人独自归来,暮空中飘下雪花。不禁感叹自己少年孤零,早早就漂泊于异国他乡;历经艰险,好不容易才结交到你这样的知己。现在你又远行,面对着这空落落、白茫茫的大地,我只能掩面而泣。在这纷扰的乱世,何时才能和你重新会面呢?此诗语言质朴,感情真挚,感人至深。

传统纹样欣赏

花纹缠结纹 辽代砖刻

鸣 筝

李 端

鸣筝金粟柱①,素手玉房前②。
欲得周郎顾③,时时误拂弦。

注释

① 金粟:金屑。金粟柱:用金屑装饰的弦柱。

② 玉房:本指由玉装饰的华丽房屋,这里夸赞弹筝女子的
住处。

③ 周郎:指三国吴将周瑜。他二十四岁为将,又精通音
乐,听人奏曲有误时,即使喝得半醉,也要转过头去看
一看演奏者。所以时谣说:"曲有误,周郎顾。"

解析

李端(约 743—约 782),字正已,赵州(今河北赵县)
人。唐代诗人。少居庐山,师诗僧皎然。曾任秘书省校书
郎、杭州司马。晚年辞官隐居湖南衡山,自号衡岳幽人。

"大历十才子"之一。其诗多为应酬之作,常表现消极避世思想,个别作品对社会现实亦有所反映。是一些闺情诗,清婉可诵。

这首诗写一个女子借弹筝达意的狡黠之态,读来令人耳目一新。第二句中的"素手"为借代用法,指代弹筝者为女性。华贵的房舍前,古筝精美,美人拨弄着筝弦,优美的乐声便从弦轴里传送出来。然而,美人却时时故意弹错音符,为的是引起意中人的注意。通常情况下,弹筝追求准确无误,然而,如果演奏中规中矩,听筝之人则耽于赏音;有误,则会注意弹奏之人。诗中女子深谙此道,故意一反常态,显现出其聪明过人。诗人观察细致,善于捕捉细节,将弹筝女子的微妙心理、邀宠之情,曲曲写出,生动传神。诗的写法像速写,对弹筝女形象的描写是十分成功的。

传统纹样欣赏

荷花纹 清代

从军北征

李 益

天山雪后海风寒，横笛遍吹《行路难》^①。
碛里征人三十万^②，一时回首月中看。

注释

① 《行路难》：古乐府歌词名，内容多写世路艰难和离情
  别绪。
② 碛(qì)：沙漠。征人：出征或戍边的战士。

解析

　　李益(746—829)，字君虞，陕西姑臧(今甘肃武威)人，
迁居河南郑州。唐代诗人。大历四年(769)中进士，然仕
途失意，客游燕赵。后入朝为官，仕途较为顺利。诗作以
边塞诗为代表，不乏慷慨悲壮之词，但偏于感伤，多写边地
士卒久戍思归的怨望心情，缺少盛唐边塞诗的豪迈乐观情
调。他擅长绝句，尤工七绝；律体也不乏名篇。

李益善于用乐声表现情感,这一首诗就是如此。诗歌开头寥寥七字将行军的环境气氛充分展现,不言行军之苦而苦已寓于其中。第二句用此吹彼和、响彻夜空的笛曲折射征人的心情。最后两句用"回首"这一动作,将在沙漠中行军的人复杂的感情展示无遗,至于什么样的情感,全由读者的想象来填充。而"三十万"、"一时"则采用了夸张的手法加重了情感的力度,使人倍感环境的荒凉、气氛的悲怆。绝句篇幅短小,需要作者对所写内容精心构思,方能扩大诗歌的容量。该诗很好地做到了这一点。诗人从无数生活素材中选取最动人的画面,巧妙剪裁,集中展示,取得了以少胜多的艺术效果。

〰️ 传统纹样欣赏 〰️

鸟纹 商周时期

喜见外弟又言别^①

李 益

十年离乱后，长大一相逢。
问姓惊初见，称名忆旧容。
别来沧海事，语罢暮天钟^②。
明日巴陵道，秋山又几重^③。

注释

① 外弟：表弟。

② 沧海事：即神话传说中的沧海化为桑田，桑田复化为沧海，这里指多变的世事。

③ 巴陵：唐代郡名，治所在今湖南省岳阳市。

解析

　　这首诗写在动乱的年代，亲友之间悲欢离合的感情，诗篇语言平淡，可是意味深长，具有强烈的感染力。十年离别,乍然相逢,旋即又要分手,真是悲喜交加。幼年离别,十年后皆已长大成人,蓦然相逢互问姓氏,还以为是初次见面;等到说起名字,知是亲戚,才依稀回忆起以前的相貌。这两句诗明白如话,包蕴的内容和情感却十分丰富,向称名句。十年之间,沧海桑田,有多少人事的变迁啊!所以两位表兄弟促膝长谈,不知不觉间,暮色已经降临,寺院的钟声已经敲响。明天,你又要远赴巴陵,山重水复,相见无日,这怎能不让我感慨悲伤呢?杜甫《赠卫八处士》云:"明日隔山岳,世事两茫茫。"描写的也正是这种乱世乍逢旋别的苍凉悲叹。

❀ 传统纹样欣赏 ❀

伎乐天 北魏云冈石窟石刻

宿王昌龄隐居

常　建

清溪深不测，隐处唯孤云。

松际露微月，清光犹为君。

茅亭宿花影①，药院滋苔纹。

余亦谢时去②，西山鸾鹤群③。

注释

① 宿：比喻夜静花影如眠。

② 谢时：辞去世俗之累。

③ 鸾鹤群：江淹《登庐山香炉峰》曰："此山具鸾鹤，往来尽仙灵。"鸾鹤，常指仙人饲养或乘骑的禽鸟。

解析

　　常建，生卒年不详，唐代诗人。曾中进士，然仕宦不显，后隐居鄂渚的西山。一生沉沦失意，耿介自守，交游无显贵。与王昌龄有文字相酬。其诗意境清迥,语言洗炼自然,艺术上有独特造诣。现存诗五十七首,题材单纯,绝大部分是描写田园风光、山林逸趣之作。名作《题破山寺后禅院》中的"曲径通幽处,禅房花木深"一联,广为古今传诵。

这是一首描写山水的隐逸诗,意在劝讽王昌龄归隐。开头两句写早年王昌龄隐居之所在乃环境绝佳之处。这里有清溪流入山中,不见尽头;隐居之处,孤云漂浮,别有一番洞天。中间两联即写夜宿王昌龄隐居处所见所感。松间明月东升,虽然主人不在,清光依然照耀;长满药草的院落安静异常,花影沉睡,青苔滋蔓,更表明主人很久未归。尾联诗人写自己的归志:我也要谢绝世俗,归隐西山,与鸾鹤为伍。诗句中的"亦"字乃是诗人狡黠之举,王昌龄此时已违背初志,入世为官。这里诗人故意说要学王昌龄隐逸,实则意在劝告王昌龄归隐。这首诗歌在平易的写景中蕴含着比兴寄喻,形象明朗,诗旨含蓄,风格与王维、孟浩然一派相像。

怨 诗

孟 郊

试妾与君泪，两处滴池水。

看取芙蓉花，今年为谁死。

解析

　　孟郊(751—814)，字东野，祖籍平昌(今山东临邑东北)，先世居洛阳(今属河南)。唐代诗人。早年生活贫困，曾周游湖北、湖南、广西等地，无所遇合，屡试不第。四十六岁始登进士第，曾任溧阳尉。在任不理事务，以诗为乐，被罚半俸，后转为他官。其诗用语刻琢而不尚华丽，擅长寓奇特于古拙。因尚古好奇，多写古体诗，与韩愈并称"韩孟"；又以苦吟著称，与贾岛并称"郊岛"，苏轼将他们的风格概括为"郊寒岛瘦"。

　　韩愈非常推重孟郊，盛赞其诗艺术构思之精巧。这首《怨诗》就非常典型地体现了这一特点。女子相思是诗歌常见题材，孟郊写得却别具特色。诗中的女主人公思念情人,突发奇想:我思念你,你也思念我,但我们谁的思念之情更加深切呢? 抽象的思念本无法比较,但女主人公却别出心裁,提议将两人的眼泪各自滴在莲花(芙蓉)池中,看看今夏两处的莲花,哪一处的会被泪水浸死。在这个女子心中,谁的眼泪更多,谁的眼泪更苦涩,莲花就将"为谁"而"死"。这样的想法,傻气而天真,看似荒诞,却深刻刻画出痴心女子的内心。这样奇异的构思,不由得令人拍案称叹。

传统纹样欣赏

麒麟与鸟纹 清代砖雕

猛虎行

张　籍

南山北山树冥冥^①，猛虎白日绕村行。

向晚一身当道食^②，山中麋鹿尽无声。

年年养子在深谷，雌雄上下不相逐。

谷中近窟有山村，长向村家取黄犊。

五陵年少不敢射^③，空来林下看行迹。

注释

① 冥冥：幽深的样子。

② 向晚：傍晚。一身：浑身，全身。

③ 五陵：长安附近地名。因汉代五个皇帝的陵墓建此而
得名。五陵年少：本指京城"富二代"，这里借指豪侠
之士。

解析

张籍(约 767—约 830),字文昌,原籍苏州(今属江苏),迁和州乌江(今安徽和县乌江镇)。唐代诗人。贞元十四年(798 年)进士,曾任水部员外郎、国子司业等职,故世称张水部、张司业。他是中唐时期新乐府运动的积极支持者和推动者,与韩愈、白居易、孟郊、王建交厚。诗多反映当时社会矛盾和民生疾苦,颇得白居易推重。与王建齐名,世称"张王"。

张籍的乐府诗颇多反映社会现实之作,表现了对人民的深切同情。这首《猛虎行》是一首以乐府体写的寓言诗,表面写猛虎危害村民,实际写社会恶势力的猖獗。诗的开头两句,写猛虎大胆妄为:猛虎本来出入于深邃的山林,而这里的猛虎却在光天化日之下绕村而行,明目张胆。二、三、四联集中描写猛虎为害的种种劣迹与恶果:猛虎全身心地捕食,以致山中的麋鹿不敢有半点动静;猛虎不仅繁殖后代,而且上下串通,相互勾结;老虎危害附近山庄,伤人伤畜,使得百姓无法劳作与生活。最后两句宕开一笔,写那些以射虎自许的豪侠也不敢惹它,只是到林下看看形迹而已,从侧面烘托出猛虎的为害之烈。实际上也是暗讽朝廷养虎遗患,点出了问题的实质。全诗比喻贴切,描写生动,寓意深刻,体现出诗人强烈的愤慨。

江陵使至汝州^①

王　建

回看巴路在云间^②，寒食离家麦熟还^③。
日暮数峰青似染，商人说是汝州山。

注释

① 江陵、汝州：皆地名。前者在今湖北境内，后者在今河
南境内。

② 巴路：巴东一带的道路。这里指通向江陵的路。

③ 寒食：节日名。在清明前一二日。

解析

　　王建（约767—约830），字仲初，颍川（今河南许昌）
人。唐代诗人。出身寒微，早岁即离家寓居魏州乡间。后
与张籍相识，一道从师求学，曾官至陕州司马。他的乐府
诗善写田家、织女、水夫，对时政弊端、民生疾苦多所反映，
与张籍齐名，世称"张王乐府"。王建又以《宫词》知名。他

的《宫词》百首,内容非常丰富,是研究唐代宫廷生活的重要资料。

　　这是一首纪行诗,写王建出使江陵回来行近汝州时所见所感,表达即将归家的喜悦之情。诗歌很短,但表现得非常巧妙。第一句写回望归来之路似乎在白云之间,表明江陵已经远去;第二句紧接着计算归期:离家时是寒食节,到家时应是麦子成熟之时了。诗贵含蓄。这两句虽未明说喜悦之情,但实已蕴含其中。运笔至此,诗人理应正面抒发归家之情,三、四两句却转写前路所见景色:日暮之时,诗人见到了像染过一样的青峰,同行的商人说,那就是汝州附近的山。两句淡淡写出,看似闲笔,实则表达的是诗人的欣慰之感:汝州离家很近,见到了汝州山,很快就能到家了。如此结尾,使得诗歌具有了韵外之致。

传统纹样欣赏

四神纹 西汉时期瓦当

赠李愬仆射^①

王　建

和雪翻营一夜行，神旗冻定马无声^②。
遥看火号连营赤^③，知是先锋已上城。

注释

① 李愬（sù）：唐代中期的著名将帅，于唐元和十二年
　（817）十月，乘着雪夜奇袭蔡州，生擒叛将吴元济，后被
　加封为检校尚书左仆射（yè）。

② 和雪：连雪，冒雪。翻营：倾营，全营而出。神旗：军旗。
　冻定：旗子都被风雪冻得僵硬，不能飘动。

③ 火号：先头部队放火作为信号。

解析

　　本诗写李愬雪夜入蔡州生擒叛将吴元济的那场著名
战役。以短短的二十八个字描写一场重大战役，是对作者
才能的严峻考验。而本诗正是在这一点上表现出高度的

技巧。全诗的描写突出细节，精心取材，取得了很好的艺术效果。前二句写冒雪奇袭，"和雪"夜行，可见军情的急迫、机会的稍纵即逝；"翻营"，可见决心之大，集中所有精兵，绝境取胜；"神旗冻定"，则可见气候恶劣，滴水成冰；"马无声"，则可见军纪之严明。这些细节的描写，为随后的战争胜利做好了铺垫，也可见李愬治军严明、胜券在握的大将风度。后面两句写战斗胜利，写法上避实就虚：后续部队远远看到敌营的火光，得知先锋部队已经登上城头，可见战争进行得极其顺利。不言而喻，这也是对李愬指挥有方的赞美。整首诗歌节奏鲜明，取材精当，虚实相生，读来回味无穷。

传统纹样欣赏

龙纹 清代

题木居士^①

韩 愈

火透波穿不计春^②，根如头面干如身。
偶然题作木居士，便有无穷求福人。

注释

① 木居士：对木雕神像的戏称。

② 火透：这里指遭到雷击。波穿：指遭雨水浸湿。不计
春：无法计算有多少年了。

解析

　　韩愈（768—824），字退之，河内河阳（今河南孟县）人。
因其常据郡望自称昌黎韩愈，故后世称之为韩昌黎。唐代
文学家。韩愈在政治上反对藩镇割据，在思想上排斥佛
教，在文学上抵制魏晋以来的骈文，提倡古文，主张文以载
道，与柳宗元同为唐代古文运动的倡导者，并称"韩柳"。
苏轼称他"文起八代之衰"，明人推他为"唐宋八大家"之

首,有"文章巨公"和"百代文宗"之名。诗与孟郊并称"韩孟"。韩诗在艺术上有"以文为诗"的特点,对宋诗影响很大。

唐代耒阳有"木居士"庙,韩愈曾经路过并留题二诗,此为其一。从题目看,这首诗歌与一般应景题咏无异,但细读内容,却不难发现其背后的微言大义。木居士被当做神像供在庙里,可他究竟是何方神圣呢?诗歌逐层为读者揭开谜底:它本是山中一棵普通的树木,曾遭雷击与雨淹,不知经历多少年,渐渐变得有些人样儿。一个偶然的机会,被人称作偶像,其身份也随之发生了戏剧性的变化,被无数的求福之人顶礼膜拜。然而这个朽木究竟还是朽木,它本身的庄严都是别人赋予的,又如何能给善男信女们赐福呢?诗歌通过朽木前后身份的变化,揭示出木居士外在庄严内实腐朽的本质,更对盲目崇拜之人进行了犀利的讽刺,借以揭露官场中居高位者与谄媚者的丑恶嘴脸。笔调嬉笑怒骂,尖酸刻薄,达到了很好的讽刺效果。

传统纹样欣赏

花卉纹 清代

秋 词

刘禹锡

山明水净夜来霜，数树深红出浅黄。

试上高楼清入骨①，岂如春色嗾人狂②。

注释

① 入骨：形容达到极点。

② 嗾（sǒu）人狂：意为使人发狂。嗾，教唆。

解析

　　这是刘禹锡《秋词》二首中的第二篇，着重咏赞秋色。前两句如实勾勒秋天景色：山明亮，水清净，树叶有红，亦有黄。这个色调闲淡而高雅，令人敬肃。后两句诗人由实转虚：如果你登上高楼，一定更能感受到秋天使人神清气爽、淡定从容的快意，与春天繁华浓艳、教人轻浮若狂的感觉迥然不同。这首诗歌借景即兴议论，耐人涵咏。

竹枝词①

刘禹锡

杨柳青青江水平，闻郎江上唱歌声。
东边日出西边雨，道是无晴却有晴②。

注释

① 竹枝词：古代四川东部的一种民歌。刘禹锡任夔州刺
史时，有意采用当地民歌的曲谱，制成新的《竹枝词》。
这些《竹枝词》描写当地山水风俗和男女爱情，富于生
活气息。其形式是七言绝句，语言明快，通俗易懂。
② 晴：谐音"情"。民歌常用手法。

解析

　　这首诗歌描写一个初恋少女在杨柳青青、江平如镜的
清丽春日里，听到情郎歌声所产生的内心活动。首句写少
女眼前所见景物杨柳，触物起情，惹动了情思，于是很自然
地引出了第二句"闻郎江上唱歌声"。听到情郎的歌声，少

女心潮起伏又忐忑难安,她不知道情郎对她是否有意,不禁仔细聆听。"东边日出西边雨,道是无晴却有晴",是两个巧妙的隐喻,用的是语意双关的手法。"东边日出"是"有晴","西边雨"是"无晴"。"晴"和"情"谐音双关。在有情与无情之间辨别以后,少女断定情郎有意于她,因为少女听出歌声是"有晴"(有情)。用谐音双关语表情达意是我国民歌中常用的一种表现手法。刘禹锡借鉴这一手法创作诗歌,取得了很大成就,说明文学创作需要不断汲取民间文学养分,才能不断创新。

传统纹样欣赏

鱼藻纹 宋代瓷瓶

元和十年自朗州至京，戏赠看花诸君子

刘禹锡

紫陌红尘拂面来①，无人不道看花回。
玄都观里桃千树②，尽是刘郎去后栽③。

注释

① 陌：田间小路，这里指道路。

② 玄都观：原名通道观，隋开皇二年改名为玄都观，在陕西长安县南崇业坊。

③ 刘郎：这里是刘禹锡自称。

解析

　　永贞元年(805)，刘禹锡参加王叔文政治革新失败后被贬。元和十年(815)，朝廷又想起用他以及柳宗元等被贬之人。刘禹锡从朗州回到长安后，写作此诗，借人们到玄都观看花这样一件生活琐事，故意发挥，讽刺当时的朝廷新贵。

前两句写看花盛况：道路之上，尘土飞扬，看花之人川流不息。巧妙的是，诗人不写去而只写回，并以"无人不道"四字来形容人们看花归途中的满足心情和愉快神态，则桃花之繁荣美好可见。后两句由物及人，关合到自己的境遇。玄都观里这些如此吸引人的繁茂桃树，其实都是自己离开长安以后的十年间才栽种的。这是诗歌的表面意思，但骨子里另有文章。千树桃花喻新贵，看花之人喻趋炎附势之徒。诗人的意思是，那些看上去了不起的政治新贵，不过是我被排挤出朝廷以后才提拔起来的。诗人以轻蔑和讽刺的口吻讲述他的政敌和攀高结贵之徒，非常具有战斗力，难怪刘禹锡因此被贬到更远的地方。

传统纹样欣赏

龙纹战国玉器

竹枝词

刘禹锡

瞿塘嘈嘈十二滩①，人言道路古来难。
长恨人心不如水，等闲平地起波澜②。

注释

① 瞿（qú）塘：即瞿塘峡，为长江三峡之一。西起四川省奉
节县白帝城，东至巫山大溪。江流湍急，暗礁丛生，非
常险恶。嘈（cáo）嘈：流水喧哗的声音。

② 等闲：无端、平白无故。

解析

　　《竹枝词》是刘禹锡在巴蜀一带做官时，根据当地民歌
的音调、节奏创作的一组诗歌。这是其中的一首。民歌具
有口语化、以眼前景物作比喻的特点。这首诗就是以瞿塘
峡江流湍急、自古难行作比喻，指斥人心之险恶，远过于湍
急的江流。瞿塘峡的江流是因为暗礁丛生，才激起波澜。

而人心却是无缘无故地就会兴风作浪,掀起轩然大波,让人无法揣测,无法防备！此诗的感叹当然与刘禹锡自己无端遭到小人陷害的切身感受有密切的关系,但更深的意义在于它揭示了一个普遍的社会现象,从而深含哲理,给读者以人生的启迪。

蟠龙纹 西汉青铜器

秋　词

刘禹锡

自古逢秋悲寂寥①，我言秋日胜春朝。

晴空一鹤排云上②，便引诗情到碧霄。

注释

① 寂寥：寂寞，凄凉。战国时楚国文学家宋玉写过一篇题
　　为《九辩》的辞赋，开头就说："悲哉！秋之为气也，萧瑟
　　兮草木摇落而变衰。"这种悲秋的基调对后代的诗词产
　　生了深远的影响。

② 排云：冲破云层。

解析

　　这是一篇歌颂秋天的小诗，反映了诗人的乐观情绪。
每当秋天到来，万木凋零，天气肃杀，诗人们总是被悲秋的
意绪所包裹着，这是中国古代诗歌中的悠久传统。但被称
为"诗豪"的刘禹锡却偏偏要写翻案之作，他在第二句中直

言：我认为秋天胜过春天。那么，秋天究竟好在哪里？诗人给我们描绘了一幅充满诗情画意的秋色图：秋高气爽、一碧万里的晴空，一只白鹤排云直上，就把诗人的诗兴也带到了那九霄之上。这样爽朗明丽的秋天，有什么可悲伤呢？诗人通过以小见大、做翻案文章的手法，一洗悲秋的滥调，表现出乐观、开朗的情绪和远大的抱负。

传统纹样欣赏

人物 北魏石刻

金陵五题
台　城

刘禹锡

台城六代竞豪华①，结绮临春事最奢②。
万户千门成野草，只缘一曲后庭花③。

注释

① 台城：六朝时期的皇城，位于今南京市玄武湖附近。六
代：东吴、东晋、宋、齐、梁、陈总共六个朝代在金陵（今
南京市）定都，所以金陵被称为六朝古都。

② 结绮、临春：都是宫殿的名字，是南朝陈后主为自己和
所宠爱的妃子们所建造的高大奢华的宫殿。

③ 后庭花：全称《玉树后庭花》，是陈后主时期最为著名的
一首艳曲。

解析

　　刘禹锡的《金陵五题》为咏史怀古的组诗,共五首,这
是其中的第三首。这首诗以《台城》为题,专咏六朝最后一
个皇帝陈叔宝荒淫亡国之事。陈后主是一个极为昏庸奢
靡的皇帝,前两句写其穷奢极欲,建造豪华的结绮阁、临春
阁等宫殿,和自己的妃嫔们天天享乐,不理朝政。后两句
以今昔作对比,当年的万户千门的宫殿楼阁,现在只剩下
一片野草;为什么会落得如此结局,只因陈后主日日沉溺
在《玉树后庭花》的淫靡歌曲中,终致国破家亡。诗歌夹叙
夹议,通过形象的对比,总结历史兴亡的规律,给统治者敲
响警钟。

〰 **传统纹样欣赏** 〰

人与马 元代

再游玄都观

刘禹锡

百亩庭中半是苔，桃花净尽菜花开^①。
种桃道士归何处^②，前度刘郎今又来^③。

注释

① 净尽：落尽，这里指完全凋零。

② 种桃道士：代指那些反对改革、曾经打击过改革派的权
   贵们。

③ 前度：上次。刘郎：指刘禹锡自己。

解析

　　玄都观是长安的一座道观，刘禹锡曾经写过一首《元
和十年自朗州至京，戏赠看花诸君子》的诗："紫陌红尘拂
面来，无人不道看花回。玄都观里桃千树，尽是刘郎去后
栽。"这首诗借玄都观里新种的千树桃花，讽刺那些在政治
斗争中投机取巧而得势的新贵们。刘禹锡也因为此诗刺

疼了当权者而再次被发落到边远地区做官。又过了十四年,刘禹锡才再次回到京城,写下这首《再游玄都观》。十四年中,政治局势发生了巨大变化,当年的权贵们在政治斗争中失势,那些依附于权贵的人也树倒猢狲散了。刘禹锡借题发挥,对这一现实进行了辛辣的讽刺。诗歌描写了当年极其喧闹的玄都观现在荒无人迹,庭院中长满了青苔,当年盛开的桃花现在一棵都不剩了,只有油菜花迎风摇曳。种桃的道士哪里去了呢?上次来过的刘郎现在又回来了!种桃道士比喻那些当权者,当权者不见了,而被他们打击的刘郎又回来了,这也显示了刘禹锡百折不回、抗争到底的坚定、乐观的性格。

传统纹样欣赏

蝙蝠双鱼纹 清代

钱塘湖春行

白居易

孤山寺北贾亭西①，水面初平云脚低②。
几处早莺争暖树③，谁家新燕啄春泥④。
乱花渐欲迷人眼⑤，浅草才能没马蹄⑥。
最爱湖东行不足⑦，绿杨阴里白沙堤⑧。

注释

① 孤山：在西湖的里、外湖之间，因与其他山不相接连，所以称孤山。孤山寺：南朝陈文帝（560—566）初年建，名承福，宋时改名广化。贾亭：又叫贾公亭，西湖名胜之一，唐朝贾全所筑。唐贞元（785—804）中，贾全出任杭州刺史，于钱塘潮建亭。人称"贾亭"或"贾公亭"。

② 水面初平：春天湖水初涨，水面刚刚平了湖岸。初，副词，刚刚。云脚低：指云层低垂，看上去同湖面连成一片。云脚，接近地面的云气，多见于降雨或雨初停时。

③ 早莺：初春时早来的黄莺。争暖树：争着飞到向阳的树枝上去。

④ 新燕：刚从南方飞回来的燕子。啄：衔取。燕子衔泥筑巢。

⑤ 乱花：纷繁的花。渐：副词，渐渐地。欲：副词，将要，就要。迷人眼：使人眼花缭乱。

⑥ 浅草：刚刚长出地面、还不太高的春草。没：遮没，盖没。以上两句写春行俯察所见，花繁草嫩，春意盎然。

⑦ 湖东：以孤山为参照物。行不足：百游不厌。

⑧ 阴：同"荫"，指树阴。白沙堤：即今白堤，又称沙堤、断桥堤，在西湖东畔，唐朝以前已有。白居易任杭州刺史时所筑白堤在钱塘门外，是另一条。

解析

白居易（772—846），字乐天，晚年号香山居士，河南新郑（今郑州新郑）人。唐贞元（785—804）间进士，曾任杭州、苏州刺史等，官至刑部尚书。他是唐代著名诗人，新乐府运动的倡导者与践行者，主张"文章合为时而著，歌诗合为事而作"。白居易诗歌语言通俗易懂，被称为"老妪能解"。他有"诗魔"、"诗王"之称，又与元稹并称"元白"，与刘禹锡并称"刘白"。白居易的诗歌影响很大，不仅在中国，在日本和朝鲜等国都有广泛影响。

全诗以"行"字为线索,从孤山寺起,至白沙堤终。又以"春"字为着眼点,写出了早春美景给游人带来的喜悦之情。第一句两个地点连用,写出诗人马不停蹄的观赏的情形;第二句则描绘出江南春水初涨的特点。中间四句尤为人称道,分别写仰视所见禽鸟与俯视所见花草,描写细腻而准确,非常契合季节特点。尾联略写诗人最爱的湖东沙堤,那里杨柳成荫,白沙堤平坦而细长,诗人置身其间,心旷而神怡。全诗如同一篇短小精悍的游记,从孤山始到白堤止,将一路所见美景,以生花妙笔表现得恰到好处,即便未到杭州西湖的读者也似乎畅游其中。

传统纹样欣赏

龙纹 隋唐时期

邯郸冬至夜思家

白居易

邯郸驿里逢冬至①，抱膝灯前影伴身。
想得家中夜深坐，还应说着远行人。

注释

① 邯郸驿：邯郸驿馆。邯郸：今天河北邯郸市。

解析

　　这是一篇旅途思家的小诗。作者独自在旅途中恰逢冬至这一重要的传统节日，一年将尽，正该是一家人围炉夜话之时，然而诗人只能在驿站中孤独地抱膝而坐，青灯之下，形影相吊。这时诗人自然强烈地思念起家中的亲人来。他眼前似乎浮现出家中的情景：夜深了，家人还没有休息，大家围坐在一起，正在说起自己这个远行在外的亲人。诗歌不写自己如何想家，而从对面写起，只写家人如何思念自己，而居人思客客思家的意蕴都在字里行间，这是此诗的高明之处。

同李十一醉忆元九

白居易

花时同醉破春愁，醉折花枝作酒筹①。
忽忆故人天际去，计程今日到梁州②。

注释

① 酒筹：饮酒时用以记数的工具。
② 梁州：唐代州名，在今天陕西汉中一带。

解析

这是一首忆念老朋友的诗歌。这一年的春天，白居易的好友元稹（元九）奉命前往四川。白居易和好友李建（李十一）、弟弟白行简等到长安城东南的曲江、慈恩寺等地方赏花饮酒，席间想念元稹，就写了这首诗。前两句写赏花、饮酒，破闷消愁。后两句陡然转入另一层意思，虽然春愁已消，却忽然想起好朋友远在天际，默默推算，他现在该走到梁州了吧。通过这样的转折开阖，尽显波澜起伏、顿挫跌宕之美。

润州听暮角

李 涉

江城吹角水茫茫①，曲引边声怨思长。

惊起暮天沙上雁，海门斜去两三行②。

注释

① 角：西北游牧民族使用的乐器，古代军中常用来报时。

② 海门：泛指长江入海处。

解析

　　李涉，生卒年不详，自号青溪子，洛阳人，唐代中期诗人。

　　润州，就是今天的江苏镇江，位于长江南岸。诗人面对大江苍茫的水面，听到城上传来画角之声。暮霭沉沉，水面更显得淼茫，而画角吹奏着边地的曲调，更引起诗人对动荡时局的无尽愁思。角声惊起了在沙滩上将要栖息的大雁，大雁哀鸣着，三三两两，向远方飞去。大雁的惊恐更凸显出角声的凄厉哀怨，这勾起了诗人多少的身世之感啊。诗歌境界开阔，寓情于景，余味无穷。

旅次朔方

刘 皂

客舍并州已十霜,归心日夜忆咸阳^①。
无端更渡桑干水^②,却望并州是故乡。

注释

① 客舍:这里作动词用,寄居、客居的意思,也就是题目中说的旅次。并州:今山西省太原市。咸阳:今陕西省咸阳市,在长安西边。

② 无端:没有缘由。桑干水:桑干河,在太原之北,今山西省大同市之南。

解析

刘皂(785—805),唐代中期诗人。

这是一首描写久客思乡的作品。诗人寄居在并州已达十年之久,对于家乡咸阳的思念与日俱增。日日夜夜归心似箭的诗人为什么长达十年都没有返回故乡,个中缘由，我们无从得知。或许为了生计，或许为了功名，但不管何故，诗人思乡心切，却是毋庸置疑的。然而命运似乎在捉弄诗人，诗人无缘无故离开了并州，又向北渡过了桑干河。回头眺望，故乡咸阳愈来愈远，只能把并州当作故乡了！作者正是通过时间的久远和空间的遥隔这两大因素，以加一倍的写法，突出了浓烈的思乡情绪。

传统纹样欣赏

凤纹 清代

酬曹侍御过象县见寄①

柳宗元

破额山前碧玉流②，骚人遥驻木兰舟③。
春风无限潇湘意④，欲采苹花不自由⑤。

注释

① 酬：酬谢，酬答。侍御：唐代殿中侍御史及监察御史的
统称。象县：唐代属岭南道，即今广西象州。见寄：寄
给我。

② 破额山：当是象县附近柳江上山名。碧玉流：形容江水
澄明深湛，如碧玉之色。

③ 骚人：一般指文人墨客。此指曹侍御。驻：停留。木
兰：香木名，皮似桂，状如楠，古人以为美木。这里称朋
友所乘之船为木兰舟，是赞美之意。

④ 潇湘：湖南境内二水名。"潇湘意"应该说既有怀友之
意，也有迁谪之意。

⑤ 采苹花：南朝柳恽《江南曲》："汀洲采白苹，日暖江南

春。洞庭有归客,潇湘逢故人。"此句似化用其意,言欲采苹花赠给曹侍御,却无此自由。这既是感慨自己谪居的处境险恶,也表示相思而不能相见的苦闷。

解析

　　这首诗非常有名,但具体写作时间、地点并不特别清楚,一般认为写于柳宗元任柳州刺史时。诗歌一、二句写曹侍御怀念自己。作者称曹侍御为"骚人",并用"碧玉流""木兰舟"这样美好的景物来烘托他,体现出作者对曹侍御的敬重之情。三、四句写自己回应曹侍御的问候。春风和暖,潇湘两岸,芳草丛生,苹花盛开,朋友于此相见,该是多好啊。然而不仅朋友相见的愿望无法实现,就是想采摘苹花相赠的自由也没有,只能作诗代柬,表达对你的无限深情。柳宗元此时因政治原因被贬,处境艰难,动辄得咎。诗人虽然未曾明言,但通过阅读该诗,可以体会得出隐于其中的抑郁不平、哀婉动人的情绪。

传统纹样欣赏

鸟兽龙纹　春秋青铜器

柳州二月榕叶落尽偶题

柳宗元

宦情羁思共凄凄①,春半如秋意转迷。
山城过雨百花尽,榕叶满庭莺乱啼②。

注释

① 羁思:羁旅之思,指客居他乡或在旅途之上引起的孤独
漂泊的感情。

② 榕:榕树,生长在广东、广西、福建等地区的常绿乔木,
树冠高大,向四周伸展,树枝下垂长出气根,夏季开小
红花,叶似冬青,四季都郁郁葱葱。

解析

　　这首诗借边地特异的风土景物来表达自己凄迷黯淡
的心情。柳宗元因参加政治革新失败,被贬到永州,历经
十年,召回京城,不到一个月,又被贬谪到更远的柳州(今
广西柳州)。当时柳州属于烟瘴蛮荒之地,柳宗元的心绪

极为低落,他在柳州写的诗中说"海畔尖山似剑铓,秋来处处割愁肠",可见一斑。正是这样的宦海沉浮和羁愁旅思,使柳宗元带着情感去观看周围的景物。另外,柳州地处南方,有着独特的气候物色。这里的春天花开得早,二月百花已经开尽,而榕树则已落叶满地,春半似秋的气候和落叶满地的景象,不禁使诗人心绪更加愁闷,连黄莺鸣啭,听上去也只是聒耳乱啼而已。这首诗明显的是诗人移情的产物,诗人将自己的感情深深地投射到景物身上,景物都蒙上了凄迷的色彩,也是此诗读来特别感人的原因。

龙纹 唐代

闻乐天授江州司马^①

元 稹

残灯无焰影幢幢^②，此夕闻君谪九江。
垂死病中惊坐起，暗风吹雨入寒窗。

注释

① 江州：今江西九江市。

② 幢幢(chuáng)：摇曳晃动之状。

解析

　　元稹(779—831)，字微之，河南(今河南洛阳)人。唐代诗人。幼年聪颖，十五岁即考取科名。与白居易共同倡导新乐府运动，文学观点相近，世称"元白"。元诗中最具特色的是艳诗和悼亡诗。他擅写男女爱情，描述细致生动，不同一般艳诗的泛描。悼亡诗为纪念其妻韦丛而作，《遣悲怀三首》流传最广。他的《连昌宫词》感怀时事变迁，为世所称。传奇《莺莺传》，则为《西厢记》所取材。在诗歌形式上,元稹还是"次韵相酬"的创始者。

　　元稹和白居易志同道合,友谊非常深厚。白居易因上书言事,得罪权贵,被贬为江州司马,元稹当时亦因得罪宦官被谪于外地,闻讯而作此诗。诗歌一、二句交待写诗背景:在这个残灯摇曳、昏暗无焰的夜晚,我突然听说老朋友被贬至九江。第三句写诗人听到这个消息后的强烈反应:"惊坐起"三字,摹写出作者神情体态;"垂死病中",则进一步加强了感情的深度。最后一句,读者或许以为诗人会为白居易鸣不平,不料转而写景,以悲景衬悲情,未曾言情而情意显见。全诗感情真挚生动,具有很强的艺术感染力,传说白居易读到此诗后感叹道:别人读此尚且忍受不了,何况我呢!

传统纹样欣赏

牵马图 魏晋时期

行　宫

元　稹

寥落古行宫^①,宫花寂寞红。

白头宫女在,闲坐说玄宗^②。

注释

① 寥落:寂寥冷落。行宫:皇帝出巡时的临时住所。

② 玄宗:即唐玄宗李隆基(685—762),曾是有所作为的一位君主,历史上著名的开元盛世就是其励精图治的结果。在其统治的后期,开始懈怠,任用奸相权臣李林甫、杨国忠等,导致安史之乱的爆发,使大唐帝国走向衰落。

解析

　　这首诗所写的行宫,也叫上阳宫,位于东都洛阳附近。诗中写的宫女是唐玄宗时期的宫女,她们年轻时被发落到上阳宫来,几十年过去了,她们都已成为白发宫女。玄宗在唐代是一位传奇性的皇帝,开元盛世也是后代不断追忆的美好时代。元稹这首小诗却给我们揭示了盛世宫廷生活残酷的一面。诗歌通过"行宫"、"宫女"、"说玄宗",给我们勾勒了一幅简洁而完整的画面。同时通过"寥落"、"寂寞"、"闲坐"这些词汇,暗示了诗人的感情倾向。另一方面,诗歌通过宫女追忆玄宗盛世逸闻轶事和如今行宫的寂寞零落作对比,也凸显了今昔盛衰的触目惊心。诗歌短小精悍,给读者留下了非常广阔的想象空间,余味无穷,耐人品量。

传统纹样欣赏

双鹿纹 宋代瓷盘

宫　词

朱庆馀

寂寂花时闭院门，美人相并立琼轩。
含情欲说宫中事，鹦鹉前头不敢言。

解析

　　朱庆馀，生卒年不详，唐代诗人。越州（今浙江绍兴）人。唐宝历年间（825—826）进士，官秘书省校书郎。据说考进士前，曾作《闺意献张水部》一诗曰："洞房昨夜停红烛，待晓堂前拜舅姑。妆罢低声问夫婿：画眉深浅入时无？"张籍（时官水部员外郎）读后大为赞赏，并回诗为之鼓吹，于是朱庆馀声名大振。其诗词意清新，刻画细腻，独树一帜。

　　宫怨诗大多只有一位女主角，而此诗却是两位同时出场，别出心裁。首句写景奇特：春花盛开之时，其美丽、热闹可想而知，但诗人却将重点放在院门紧闭上，又在"花时"之前加上修饰语"寂寂"。这样，下句不费笔墨，便写出了深宫美人的凄凉处境和愁苦心情。三、四句写美人并立廊台，当有所交谈，却因鹦鹉在前，不敢开口言说。鹦鹉会学舌，一不小心就会泄露闺中密语。此处明言忌惮鹦鹉，实是害怕他人。由此，不难想见宫中生活之压抑。这首诗歌构思巧妙，描写细致，批判深刻，有利于我们更好地了解古代后宫女子的生活。

传统纹样欣赏

凤纹 元明时期

题兴化寺园亭

贾 岛

破却千家作一池^①，不栽桃李种蔷薇^②。
蔷薇花落秋风起，荆棘满亭君自知。

注释

① 破却：破坏，败坏。却，助词，用在动词后表示动作的完成。唐陆长源《句》："忽然一曲称君心，破却中人百家产。"

② 蔷薇：落叶灌木。花可观赏，枝上密生小刺。

解析

　　贾岛（779—843），字浪（阆）仙，河北道幽州范阳县（今河北涿州市）人。唐代诗人。早年出家为僧，号无本。后与韩愈相识，执弟子之礼。在韩愈的劝说下，还俗应举，中进士。曾为长江主簿，故后人称"贾长江"。与孟郊一样，诗歌格局狭隘，且常表现穷愁情绪，后人称之"郊寒岛瘦"；

又都喜欢推敲苦吟,故并称"郊岛"。

这首诗据说为讽刺裴度大肆建造兴化寺亭园而作。首句叙事,以池代园,写裴度为了建造自家一座园亭,不惜"破却千家"。以下三句皆是就事论理,讽谏裴度:这样一种举动,等于不是栽花而是种刺;须知秋风一起,蔷薇花落,就一定会剩下满亭荆棘。诗歌语言朴素,比喻形象,而意蕴深厚,颇可玩味。

━━━━━━━━━━━━ ❀ 传统纹样欣赏 ❀ ━━━━━━━━━━━━

双龙纹 隋唐时期

南 园①

李 贺

男儿何不带吴钩②,收取关山五十州③?
请君暂上凌烟阁④,若个书生万户侯⑤?

注释

① 南园:李贺所作"组诗"之名,共十三首,这是其中的一首。

② 吴钩:一种形似剑而弯的刀。春秋时吴人善铸钩,故称。这里泛指武器。

③ 关山五十州:统指当时唐代中央政府不能控制的地区。

④ 凌烟阁:古代朝廷为表彰功臣而建筑的绘有功臣像的高阁。

⑤ 若个:哪个?指人或物。万户侯:食邑万户的侯爵。这里泛指高官显爵。

解析

李贺(790—816),字长吉。祖籍陇西,生于福昌县昌谷(今河南宜阳县)。唐宗室后裔,然家道没落。李贺志向远大,勤奋苦学,博览群书,因其父名晋肃,竞争者谓其当避父讳,不得举进士,终遭谗落第。一生愁苦多病,仅做过三年的九品微官奉礼郎,二十七岁病亡。李贺是中唐浪漫主义诗人的代表。其诗波谲云诡、迷离惝恍,风格独特,被人称为"诗鬼";又与李白、李商隐并称唐代"三李"。

这首诗由两个设问句组成。第一个设问是泛问,也是自问:男子汉为什么不腰带吴钩,收复被藩镇割据的土地?十四个字一气呵成,节奏明快,与诗人昂扬的斗志和急迫的心情契合。第二个设问激越中带有沉郁:请你登上那画有开国功臣的凌烟阁看看,有哪个书生曾被封为食邑万户的列侯? 言下之意,书生百无一用,应该从军。这里既有诗人对自己书生身份的不满足,也有对书生不得重用的愤慨,情感非常复杂。

传统纹样欣赏

花鸟纹 清代

昌谷北园新笋

李 贺

斫取青光写楚辞①，腻香春粉黑离离②。
无情有恨何人见？露压烟啼千万枝。

注释

① 斫(zhuó)取青光：刮去竹子的青皮。楚辞：战国时期楚
国人屈原等创作的诗歌名为楚辞，这里指作者自己的
诗歌。

② 腻香：浓香。春粉：指竹皮上的白粉。黑离离：指写在
竹子上的墨迹整齐排列。

解析

  昌谷位于今天河南宜阳县西南，唐代属于河南府福昌
县，是李贺的家乡。这是一首托物言志的诗歌。李贺本是
李唐宗室，才高命薄，一生坎坷，内心充满了怨愤。这首诗
歌就是抒发自己的才华不为人理解的苦闷。刮掉光泽青

青的竹皮,将寄寓着自己悲愤的诗歌浓墨淋漓地题在上面。竹子本无感情,竟也满含着哀怨,但又有谁知道呢?所以成千上万枝竹子只好在露压烟笼中悲啼!李贺诗歌用语瑰丽,想象奇特,本诗也反映了这一特点。形容竹子而用拟人化的"腻香"、"无情有恨"、"啼",都表现出李贺诗歌的独创性。

--------- ❦ **传统纹样欣赏** ❧ ---------

蟠龙纹 战国铜镜

谢亭送别①

许 浑

劳歌一曲解行舟②,红叶青山水急流。
日暮酒醒人已远,满天风雨下西楼。

注释

① 谢亭:又叫谢公亭,在宣城北面,南齐诗人谢朓任宣城太守时所建。他曾在这里送别朋友范云,后来谢亭就成为宣城著名的送别之地。

② 劳歌:忧伤、惜别之歌。

解析

　　许浑(约791—约858),字用晦,润州丹阳(今属江苏)人。唐代诗人。文宗时进士及第。曾住京口(今江苏镇江)丁卯涧,因以"丁卯"命名他的作品集,世称"许丁卯";又曾任郢州刺史,所以也被称为"许郢州"。其诗皆近体,五七律尤多,多写登临怀古和寄情山水的内容,句法圆熟工稳,声调平仄自成一格,即所谓"丁卯体"。又其诗多写"水",故有"许浑千首湿"之讽。

这是许浑在宣城谢公亭送别友人后写的一首诗。第一句写唱罢离歌,友人乘舟离去,诗人感到匆忙而无奈,带有些许的惆怅。第二句写诗人目送友人远去后所见之江景:两岸青山,红叶丹枫,江水急流。明丽的秋景,反衬诗人离别的怅惘;急流的江水,从正面衬托友人离别之匆忙。宴饮送别,诗人自然心情不佳,于是借酒浇愁。三、四句即写诗人酒醒之后所见所感。想来友人已走到很远的地方,这时外面满天风雨,落寞的诗人独自一人走下西楼。这里用凄风急雨衬托离情别绪,比起直接抒发离别的伤感,别有一种神韵,笔法巧妙,耐人寻味。

❖❖❖ 传统纹样欣赏 ❖❖❖

龙纹 清代

集灵台

张　祜

虢国夫人承主恩①，平明骑马入宫门②。
却嫌脂粉污颜色③，淡扫蛾眉朝至尊④。

注释

① 虢（guó）国夫人：杨贵妃的三姐，封虢国夫人。承主恩：
　 得到皇帝的宠爱。

② 平明：黎明，天刚亮的时候。

③ 脂粉：胭脂铅粉等化妆品。污：玷污。

④ 至尊：皇帝，这里指玄宗。

解析

　　张祜（hù）（约 792—853），字承吉，南阳（今河南邓州）
人，唐代中晚期著名诗人。

　　集灵台，在长安骊山华清宫长生殿旁，是皇帝斋戒祭
祀神灵的地方。《集灵台》共两篇，第一首写杨贵妃，这一

首写虢国夫人。诗歌吟咏玄宗皇帝在长生殿受箓（lù，道教的道符）后，杨贵妃和虢国夫人来祝贺的事。第一句写虢国夫人受到皇帝的恩宠，第二句写恩宠的具体表现：天不亮就骑着马入宫朝见皇帝，这是不符合常规的，但虢国夫人却胆敢如此，正写出她的恃宠骄纵。三、四两句转而写虢国夫人的容貌，特别强调她不施脂粉、轻描蛾眉、素面朝天的美色和自信。诗歌采用直写其事的方法，没有发表任何议论，但似褒实贬，欲抑先扬。在清净的斋宫里，庄严的受箓仪式后，这些受宠幸的贵妇们竟公然出现，讽刺之意不言自明。

马纹 清代

题木兰庙

杜 牧

弯弓征战作男儿^①，梦里曾经与画眉^②。
几度思归还把酒^③，拂云堆上祝明妃^④。

注释

① 弯弓：拉弓，开弓。

② 画眉：古代有丈夫为妻子"画眉"的记载，后人因此比喻
夫妻感情和谐融洽。这里用本意，即描饰眉毛。

③ 把酒：手持酒杯。饮酒或敬酒的意思。

④ 拂云堆：在今内蒙古自治区的乌喇特西北，堆上有明妃
祠。明妃：名嫱，字昭君，后人又称明妃。汉元帝宫人。
匈奴呼韩邪单于入朝，求美人为阏氏（单于妻）以和亲，
她自请远嫁匈奴。

解析

　　杜牧(803—约852),字牧之,号樊川居士,京兆万年(今陕西西安)人。唐代诗人,宰相杜佑之孙。爱好兵法韬略,写下不少军事论文,还曾注释《孙子》。杜牧的文学创作有多方面的成就,诗、赋、古文都堪称名家,尤以七言绝句著称。诗歌风华流美而又神韵疏朗,气势豪宕而又精致婉约。与李商隐并称"小李杜",以区别于李白、杜甫。

　　这是一首咏史诗,为木兰庙而题。木兰替父从军的故事历来为人传诵,诗歌一开头即点出原作《木兰诗》的主要内容,写木兰女扮男装,弯弓盘马,英勇善战。第二句本于原诗,又有所想象,指出木兰终究是女儿之身,与所有女孩一样喜欢画眉,只是限于特殊的环境、特殊的身份,梳妆打扮只能在梦中进行。第三句写木兰的内心世界,她也思念家乡,甚至因愁而把酒。第四句继续"还把酒"这个话题,写木兰把酒的真正目的是"祝明妃",即祭祀明妃。明妃嫁塞上,为了"和戎",木兰至边塞,为了御敌,二人尽管方式不同,但皆为了国家利益,难怪木兰要视昭君为神交。诗歌描摹木兰心理,细腻而贴切,诗人慧心由此可见。

题乌江亭①

杜 牧

胜败兵家事不期②，包羞忍耻是男儿③。
江东子弟多才俊④，卷土重来未可知。

注释

① 乌江亭：在今安徽和县东北的乌江浦。《史记·项羽本纪》载：项羽兵败，乌江亭长备好船劝他渡江回江东再图发展，他觉得无颜见江东父老，乃自刎于江边。宋代女词人李清照有诗赞曰："生当作人杰，死亦为鬼雄。至今思项羽，不肯过江东。"

② 不期：难以预料。

③ 包羞忍耻：意谓大丈夫能屈能伸，应有忍受屈耻的胸襟和气度。

④ 江东：古代习惯上指长江下游的江南地区。这里可理解为项羽起兵的苏州一带。

解析

　　杜牧喜作翻案诗,这就是其中的一首。历来人们对项羽自刎乌江,常常予以赞扬,杜牧却认为项羽所为不值称道。首句说胜败乃兵家常事,次句批评项羽不知忍辱负重,缺乏大将气度。三、四句乃设想之辞:项羽假如回江东重整旗鼓,说不定就可以卷土重来。这首诗歌所表达的观点未必正确,但诗歌所宣扬的百折不挠的精神则是值得后人学习的。

马纹 春秋时期

泊秦淮

杜　牧

烟笼寒水月笼沙，夜泊秦淮近酒家[①]。
商女不知亡国恨，隔江犹唱后庭花[②]。

注释

① 秦淮：即秦淮河，流经南京市内，汇入长江，秦淮河两岸
自古为繁华之地。

② 商女：歌女。后庭花：即《玉树后庭花》，是南朝陈后主
所创制的曲调，陈后主君臣骄奢淫逸，耽于享乐，终于
亡国，后人因而把《玉树后庭花》视为亡国之音。

解析

　　这是一首咏古伤今的诗歌。诗人在一个夜晚乘船经
过繁华的秦淮河，停泊在靠近酒楼的地方。秦淮河上，夜
幕之下，水面上笼罩着一片薄雾轻纱，岸边则有皎洁的月
光笼罩着白色的沙滩。两个"笼"字，传神地描摹出秦淮河

特有的朦胧迷离之美。正是在这样的环境下,歌儿舞女、纸醉金迷的六朝旧梦仍在延续。隔着江面,诗人听到卖唱的歌女在演唱着那绮靡妖艳的《玉树后庭花》,歌女哪知道这是一曲亡国之音呢?想当年,号称无愁天子的陈后主和后宫佳丽、狎客弄臣们,不是在这样的歌声中走向亡国的吗?而如今同样的歌声又在秦淮河边荡漾!这不禁使诗人怀古伤今,一种末世的预感袭上心头。诗歌通过对环境的渲染、对典型事例的运用,含蓄地表达出对现实的隐忧。

传统纹样欣赏

花卉纹 清代

赤　壁

杜　牧

折戟沉沙铁未销①，自将磨洗认前朝②。
东风不与周郎便③，铜雀春深锁二乔④。

注释

① 折戟(jǐ)：折断的戟。戟是古代的一种兵器，可以刺，也可以横击。

② 将：拿起。

③ 周郎：指挥赤壁之战孙刘联军的年轻将帅周瑜。

④ 铜雀：铜雀台，曹操所建，位于魏国首都邺城(今河北临漳)，曹操的姬妾歌伎都居住其中，是曹操晚年享乐之地。二乔：东吴乔公的两个女儿，大乔是孙策的妻子，小乔是周瑜的妻子。

解析

　　这是一首怀古诗,吟咏的是历史上著名的赤壁之战。赤壁之战中,孙刘联合,在赤壁(今湖北蒲沂县西北长江边)和曹操进行决战,大败曹军,奠定三分天下的局面。诗人从赤壁古战场遗留下来的埋在泥沙中的一截断戟写起,经过打磨擦拭,尚可辨认这正是赤壁之战的遗物。由此引发了诗人对这场战争的思考和议论。赤壁之战最为关键的因素是使用火攻,而火攻成功的关键是东风。但杜牧没有正面描写东风如何帮助周瑜取得胜利,而是从反面落笔,说假使当时东风没有给予周瑜方便的话,那战争的胜负将会完全逆转。那时,东吴的著名美女大乔和小乔就免不了要被曹操俘虏到铜雀台中供他享乐去了。连国君和统帅的妻子都被敌人俘获,国破家亡自然就不用多说了。杜牧使用最为形象的语言,使用合理的假设,使这样一个习见的历史题材焕发出新意,表现出高超的艺术技巧。

传统纹样欣赏

龙纹　北魏

瑶瑟怨①

温庭筠

冰簟银床梦不成②，碧天如水夜云轻。
雁声远过潇湘去③，十二楼中月自明④。

注释

① 瑶瑟：对瑟的美称。

② 冰簟（diàn 去声）：清凉的竹席。银床：指洒满月光的床。

③ 潇湘：二水名，在今湖南境内。此代指楚地。

④ 十二楼：原指神仙的居所，此指女子的住所。

解析

温庭筠（约 812—866），本名岐，字飞卿，太原祁（今山西祁县）人。唐末诗人和词人。他富有天才，文思敏捷，常常八叉手而成八韵诗，所以也有"温八叉"之称。然恃才不羁，生活放浪，又好讥刺权贵，多犯忌讳，所以屡举进士而不中,终生不得志。工诗,与李商隐齐名,时称"温李"。其诗辞藻华丽,秾艳精致,内容多写闺情。其词艺术成就在晚唐诸词人之上,为"花间派"首要词人,对词的发展影响较大,与韦庄齐名,并称"温韦"。

这首诗咏闺怨,在写法上颇与众不同。诗歌几乎全是写景,又处处可见女主人公的活动。首句写其所感:自己与情人别离已久,不敢奢望相见,只将希望寄托于梦中,然而,如此微末的愿望也无法实现,因为她根本无法入眠。次句言其所见:天空碧蓝,月光如水,白云轻盈——清丽而寂寥的环境,衬托出孤居之人清冷寂寞的意绪。第三句写其所闻:雁声自远而近,又由近而远,大概飞至潇湘了吧。末句完全宕开写景:明月恣肆地照耀在十二楼上。古人见月思人,此处月光自照,女主人公的孤寂、怨思自然不言而喻。全诗情调哀婉、意象朦胧,重在氛围描写以烘托人物心理活动,读来别有一番情味。

传统纹样欣赏

双蝠纹 清代

更漏子

温庭筠

玉炉香，红蜡泪。偏照画堂秋思①。
眉翠薄，鬓云残②。夜长衾枕寒③。
梧桐树，三更雨。不道离情正苦④。
一叶叶，一声声。空阶滴到明。

注释

① 画堂：华美的卧房。

② 眉翠：用青黑色的颜料描画的眉毛。鬓云：如乌云一样
黑的鬓发。

③ 衾（qīn）枕：被子、枕头，泛指床上用具。

④ 不道：不管、不顾。

解析

　　这首词描写一个女子的寂寞和愁思。上半阕设色浓丽，着重刻划闺中女子的情态。玉制的香炉飘出缕缕幽香，红蜡烛流下滴滴蜡泪，摇曳的烛光照耀着华丽的卧室。早上画过的翠眉已经颜色淡薄，梳妆齐整的云鬟这时候也已凌乱不堪。在这漫长的秋夜，她孤枕难眠，辗转反侧。环境是如此的秾丽，心绪却是何等的孤寂，两者形成了鲜明的对照。下半阕采用白描的手法，以平直的语言，写出主人的无聊苦闷。她听着窗外绵绵的秋雨，飘洒在梧桐叶上，然后滴落在空无一物的台阶上。从白昼的无聊，到长夜的无眠，这位女子所经历的离别苦情是多么的深刻！设色浓淡相间，词愈浅而情愈深，是此词最突出的特色。

━━━━━━━━━━━ ❀ **传统纹样欣赏** ❀ ━━━━━━━━━━━

龙纹　清代

花下醉

李商隐

寻芳不觉醉流霞①,倚树沉眠日已斜。

客散酒醒深夜后,更持红烛赏残花②。

注释

① 流霞:神话传说中的一种饮料。《论衡》上说,项曼都好
道学仙,离家三年而返,自言:饥欲食,仙人辄饮我以流
霞。每饮一杯,数日不饥。这里可以理解为"酒水"。

② 残花:将要凋谢的花。

解析

　　李商隐(约812—约858),字义山,号玉溪生、樊南生,
祖籍怀州河内(今河南沁阳),生于河南荥阳。唐代诗人。
因处于牛李党争的夹缝之中,一生很不得志。诗歌成就很
高,与杜牧合称"小李杜",与温庭筠合称"温李"。其诗构
思新奇,风格秾丽,文学价值很高,尤其是一些爱情诗写得

缠绵悱恻，为人传诵。但有些作品过于隐晦迷离，难于索解，以致遭人讥诮。

诗题"花下醉"，非常醒目地标示这首诗是抒发对花的陶醉与流连的。首句写从"寻"到"醉"的过程。"寻芳"既得，于是自然被花之美艳吸引，进而不知不觉地醉了。这里的"醉"，具有双重意义，一乃为花之美而陶醉，二指饮酒而醉。次句进一步写诗人之"醉"。迷花醉酒而倚树沉眠，不觉日已西斜，从时间长度上写诗人对花之流连。诗歌至此，似乎已成强弩之末，难以为继，不料诗人却转出新意：深夜之时，独自一人，持烛赏花。这里不仅延长了赏花的时间——由日斜到夜深，尤为值得注意的是，深夜所赏之花乃"残花"，这也正是诗人更为流连的原因：明日花朵或许凋零。诗人写爱花之心，越转越深，非常人所能及。

〰 **传统纹样欣赏** 〰

兽纹 商周时期

宿骆氏亭寄怀崔雍崔衮①

李商隐

竹坞无尘水槛清②，相思迢递隔重城③。
秋阴不散霜飞晚④，留得枯荷听雨声。

注释

① 崔雍、崔衮：崔戎的儿子，李商隐的从表兄弟。

② 竹坞（wù）：竹舍，竹楼。水槛（jiàn）：临水阑干。

③ 迢递（tiáo dì）：遥远的样子。

④ "秋阴"句：秋天阴云连日不散，霜期来得晚。

解析

　　这是一首写景诗，更是一首抒情诗，或者说，写景是表象，抒发对友人的怀念之情才是本意。第一句写诗人寄宿环境之清幽，第二句写对友人的思念，第三句转而又写天气，第四句写听雨打枯荷之声。除了第二句表达思念之情外，其他三句似乎与"寄怀"无关，而细细体会，却又发现诗人实则处处抒情。第一句写环境之清幽，衬托诗人之寂寞；第三句写迷蒙的氛围，则表现诗人暗淡的心情，以及由此更加思念友人；第四句写听雨，则表现诗人因思念崔氏兄弟无法入眠，百无聊赖，借此寻求安慰。此诗结构奇巧，语言警策，尤其是最后一句，把诗人寄宿之处的清幽境界尽皆烘托而出，值得再三品味。

〰️〰️〰️〰️〰️〰️ ◈ 传统纹样欣赏 ◈ 〰️〰️〰️〰️〰️〰️

花篮纹 清代

夜雨寄北

李商隐

君问归期未有期，巴山夜雨涨秋池①。
何当共剪西窗烛②，却话巴山夜雨时。

注释

① 巴山：泛指三巴（今四川省东部）一带的山。

② 何当：何时。剪烛：蜡烛燃烧时间长了，烛芯需要修剪，
以保持正常的燃烧。

解析

李商隐正在巴蜀一带做官，接到北方友人的来信，问
他何时归来。诗人前途未卜，身不由己，不知道自己究竟
什么时候才能回去。他内心充满了愁苦和郁闷，而窗外正
是秋雨绵绵，下得池塘里的水都上涨了，仿佛应和着诗人
内心的满怀愁绪。诗人展望未来，什么时候才能够和你坐
在西窗之下，促膝长谈，剪烛夜话，再来回忆今天的巴山夜

雨呢！这篇诗在结构上与刘皂《旅次朔方》相同，均以时间、空间的回环对照取胜。诗人将现在和将来、此地和彼地交错穿插，仿佛打破了时空的界限，表现出高超的构思技巧。而在语言上，第一句的两个"期"字，第二、四句"巴山夜雨"四字的重复，也使此诗具有一种回环往复的音韵之美，和诗歌表达的缠绵情思契合无间。

鸟纹 商周时期

贾 生

李商隐

宣室求贤访逐臣①,贾生才调更无伦②。
可怜夜半虚前席③,不问苍生问鬼神④。

注释

① 宣室:汉朝未央宫中的正殿。逐臣:指贾谊,西汉初年
   著名的文学家、政治家,曾被贬谪到长沙,后被汉文帝
   召回。
② 才调:才能,才情。无伦:无与伦比。
③ 可怜:可惜。虚:徒然。前席:古人席地而坐,坐的形式
   是将双膝跪下,把臀部放在脚跟上。当谈话很投机的
   时候,两膝就不自觉地在席上向前移动,以靠近对方,
   叫做前席。
④ 苍生:老百姓,代指国计民生。

解析

　　这是一首咏史诗,同时也是一首借古讽今的作品。诗歌吟咏的是一个历史故事:汉文帝时著名的政论家贾谊被排挤贬斥到长沙多年后,文帝又将他召回长安。当时文帝刚刚举行过一个祭祀神灵的仪式,他连夜召见贾谊,君臣谈论,文帝听得入神,不知不觉中移动身体,以靠近贾谊。"夜半前席"成为一个著名的历史典故。而李商隐在吟咏这一历史故事时,则加入了艺术化的成分,借古讽今,具有强烈的现实意义。诗歌欲抑先扬,在前两句中刻意强调文帝的求贤若渴和贾生无与伦比的才能,给人造成君臣之间必然会如鱼得水的预感。第三句借用夜半前席的历史记载,但在"夜半"前加上"可怜",在"前席"前加上"虚",就陡然翻转,否定了夜半前席的虔诚姿态。化赞赏为慨叹,化歌颂为讽刺。最后一句申述了否定的原因:文帝关心的只是鬼神之事而非国计民生,这样的求贤不是虚有其名又是什么呢? 诗歌立意新警,议论风生,启人神思,且不乏一唱三叹的神韵。

和袭美春夕酒醒①

陆龟蒙

几年无事傍江湖，醉倒黄公旧酒垆②。
觉后不知明月上，满身花影倩人扶③。

注释

① 袭美：诗人皮日休的字。

② 黄公：泛指卖酒者。此句表达自己放达纵饮的生活态
度，从而标榜襟怀的高远。

③ 倩(qiàn)人：请托他人。

解析

　　陆龟蒙(？—881)，字鲁望，自号江湖散人、甫里先生，
又号天随子，吴郡(今江苏苏州市)人。唐代文学家。幼聪
颖，善属文。举进士不第，曾任湖、苏二州刺史幕僚，后隐
居松江甫里。与皮日休齐名，世称"皮陆"。其散文善于借
物寄讽，托古喻今，对当时社会的黑暗及统治者的腐朽多

所讥刺,被鲁迅称为"一塌糊涂的泥塘里的光采和锋芒"。其诗工七言绝句,以写景咏物为多,力求险怪博奥,滑稽幽默。

这是一首表现闲适心情的诗歌,整首诗歌围绕醉酒展开。首句概括交代诗人生活之自由自在。次句表现诗人放纵豪饮的生活方式,借以表现其襟怀之高远。第三句承上启下,即前承"醉倒",后启归去请人搀扶的醉态。第四句为全诗最为生动的描写,写出了月光皎洁、花影错落的迷人景色;更妙的是,这里的美景,乃醉眼所见,诗人为酒所醉还是为景所醉,已让人无从分辨。

龙纹 战国

送友人

薛 涛

水国蒹葭夜有霜，月寒山色共苍苍^①。
谁言千里自今夕？离梦杳如关塞长^②。

注释

① 水国蒹(jiān)葭(jiā)两句：蒹葭：芦苇。这两句诗是从《诗经·秦风·蒹葭》中的"蒹葭苍苍，白露为霜。所谓伊人，在水一方"之句变化而来的。

② 杳(yǎo)：深远，渺茫。这里形容梦境的绵远。

解析

　　薛涛(？—832)，字洪度，长安人，长于蜀中，是一位才貌双全的歌女，曾和当时的一些著名诗人唱和，被称为女校书郎。

　　这是一首送别朋友的诗，前半部分描画了一个凄清的离别场面：水乡中带着霜花的芦苇，清冷的月色，茫茫的远山，这一切都显得苍苍茫茫，在这样的时空背景下送别友人，当然是离愁难堪。但是诗人一反常态，问道：谁说从今夜起，彼此就相去日远，终于相隔千里、天各一方呢？你走到哪里，我的梦魂就追到哪里，关塞有多长，我的梦境也就有多长，始终不会分离啊。这是多么缠绵悱恻的情谊，显示出女性诗人思绪绵密的独特魅力。

传统纹样欣赏

龙纹 北魏

陇西行

陈　陶

誓扫匈奴不顾身，五千貂锦丧胡尘^①。
可怜无定河边骨^②，犹是春闺梦里人。

注释

① 貂锦：貂裘锦衣，是汉朝羽林军的军服，这里指代最精
锐的部队。

② 无定河：发源于内蒙古鄂尔多斯，流经陕北，汇入黄河。

解析

　　陈陶，生卒年不详，字嵩伯，晚唐诗人。

　　这是一首写边塞战争给人民带来沉重灾难和痛苦的
诗歌。前两句写战士誓死报国的壮志和全军覆没的惨烈
结局。五千貂锦，那是国家最精锐的部队，那些军人想必
也都是年轻英俊、威武雄壮的。后两句写闺中的妻子尚不
知丈夫已死，还在梦中见到自己的夫君。诗人用"无定河

边骨"和"春闺梦里人"作对比,一边是现实,一边是梦境;一个是化为孤魂野鬼的白骨,一个是魂牵梦绕的心上人,虚实相对,造成触目惊心的艺术效果,构思极为巧妙。

传统纹样欣赏

莲花纹 西魏

汴河怀古

皮日休

尽道隋亡为此河，至今千里赖通波。
若无水殿龙舟事^①，共禹论功不较多^②。

注释

① 水殿龙舟：隋炀帝杨广为了巡游扬州，建造了许多大型
船只，其中的龙舟高四十五尺，长二百丈，总共分四层，
上面有正殿、内殿、东西朝堂。另外还建造了九艘叫做
浮景的大船，分三层。这些都称为水殿，意即水面上的
宫殿。

② 禹：大禹，古史传说中疏凿江河、泄导洪水的古帝王。
较：相差。不较多：差不多。

解析

  皮日休（约 834—约 883），字袭美，襄阳（今属湖北）
人。唐代后期著名诗人、散文家，与陆龟蒙多有唱和，并称

"皮陆",有《皮子文薮》传世。

　　这是一首怀古咏史的诗歌,吟咏的对象是隋炀帝开凿的大运河。大运河的开凿把长江、淮河、黄河几大水系沟通起来,虽然当时耗费了极大的民力,但是对于繁荣经济、维系国家统一都起到了巨大作用。历时千年,大运河一直都是重要的交通干线,所以对开凿大运河的功过的评价也应该具有历史的眼光。皮日休正是基于这样的一种历史认识,所以一反常调,给予此事积极的评价,使人耳目一新,这是咏史诗中常用的"翻案法"。当然诗人并没有忘记对隋炀帝的批判,认为如果没有水殿龙舟巡幸之事,那隋炀帝的历史功绩和大禹也不相上下,但历史毕竟没有假设,所以诗中仍然蕴含着对隋炀帝的批判,以及对当代帝王的告诫。

---------------------------- ❀ 传统纹样欣赏 ❀ ----------------------------

凤纹 元代

菩萨蛮

韦　庄

人人尽说江南好，游人只合江南老①。春水碧于天，画船听雨眠。

垆边人似月②，皓腕凝霜雪③。未老莫还乡，还乡须断肠④。

注释

① 游人：即游子，指飘泊外乡的人。这里即指作者自己。
　合：应当。
② 垆：借指酒家。旧时酒店安放酒瓮的炉形土台子。《史记·司马相如列传》记载：司马相如妻卓文君长得很美，曾当垆卖酒。
③ 皓腕：洁白的手腕。凝霜雪：像霜雪凝聚那样洁白。
④ 须：应。断肠：形容非常伤心。

解析

　　韦庄(约836—约910),字端己。杜陵(今陕西西安附近)人。唐末五代诗人、词人。武后时宰相韦待价之后,诗人韦应物的四代孙。至韦庄时,其族已衰,父母早亡,家境寒微。韦庄一生经历,可分为两个时期,前期仕唐与后期仕蜀。韦庄与温庭筠同为"花间派"的重要词人,并称"温韦"。不过二人风格差异较大,温词浓丽,韦词清新。

　　韦庄生活的唐末时期,中原鼎沸,战无宁日,韦庄避地江南。江南有"春水碧于天"的美景,有"画船听雨眠"的美事,还有"似月,皓腕凝霜雪"的美人,因此有人劝说韦庄应该终老江南。然而这一切,只是除词人以外的"人人"的观点,自己并不认同。既然如此,词人为什么还不回到自己的家乡呢?"未老莫还乡,还乡须断肠",两句为读者解开了谜团:回到战火纷飞的故乡,只会有断肠之悲。前人称韦庄词"似直而纡,似达而郁",果然如此。

传统纹样欣赏

蝙蝠纹　清代

台 城

韦 庄

江雨霏霏江草齐①,六朝如梦鸟空啼②。
无情最是台城柳③,依旧烟笼十里堤。

注释

① 霏霏:形容雨雪密集的样子。

② 六朝:指东吴、东晋、宋、齐、梁、陈六个在南京建都的
朝代。

③ 台城:六朝时期的皇城,位于今南京市玄武湖附近。

解析

　　这是一首吊古咏史的诗歌,台城作为六朝时期宫禁所
在,自然也是历史兴亡最好的见证者,在刘禹锡的时候,台
城已经是"万户千门成野草",到了晚唐五代时期,这里就
更加衰败。诗人韦庄站在台城废墟之上,正是江南春雨绵
绵、绿草如茵的时候,十里长堤,杨柳如烟,六朝繁华,过眼

成空，一切如梦如幻如泡影。诗歌也笼罩在一种梦幻般的惆怅情调之中。诗人所写江雨、江草、啼鸟、杨柳，皆是无情之物，以无情之物来反衬诗人的多情，人事的变迁无常与自然的永恒不变形成了鲜明的对照，从而产生了深沉的沧桑之感。

凤纹 清代

己亥诗①

曹　松

泽国江山入战图②,生民何计乐樵苏③。
凭君莫话封侯事④,一将功成万骨枯。

注释

① 己亥诗:己亥年所作的诗。

② 入战图:进入作战地图。

③ 生民:人民。樵:打柴。苏:割草。

④ 凭君:请君,劝君。

解析

　　曹松,生卒年不详。字梦徵,舒州(今安徽桐城,一说今安徽潜山)人。唐代晚期诗人。早年曾避乱栖居洪都西山,后依建州刺史李频。李死后,流落江湖,无所依靠。年七十有余中进士,特授校书郎而卒。

　　这首诗歌表现诗人对战乱的厌恶。唐代末年,全国发生大规模农民起义,江南地区也成了战场。诗歌首句就说明了这样一个事实,不过表达委婉而曲折,不直言战火波及江南,而说该地区已经被标于军事地图之上。次句讲战争对百姓生活的影响。打柴、割草本非乐事,然而在饱受战乱之苦的百姓眼中,平安度日也很快乐,现在连这样的"乐事"也不可得。后两句"借题发挥":奉劝人们不要追求什么裂土封侯,原因是"一将功成万骨枯"。最后一句为全诗的核心,其中"一"与"万"的对比触目惊心,具有高度的概括性,可谓字字千钧,掷地有声,令人警醒。

───────────── ◈ 传统纹样欣赏 ◈ ─────────────

麒麟纹 明代石刻

淮上与友人别

郑　谷

扬子江头杨柳春①，杨花愁杀渡江人。
数声风笛离亭晚②，君向潇湘我向秦③。

注释

① 扬子江：指扬州附近的长江。

② 风笛：风中的笛声。离亭：送别的驿亭。

③ 潇湘：潇水和湘水，指代湖南一带地方。秦：秦中，指代
长安。

解析

郑谷（848—909），字守愚，袁州宜春（今属江西）人，晚
唐诗人。

这首诗歌写和朋友的分别，由于诗人自己也是在旅途
中，所以是客中送客。分别的地点在淮上，当是淮河边的
某一个地点。前两句是虚写，想象朋友离别之后将要南下

扬州，然后在扬子江头渡过长江。这时正是暮春时节，柳丝袅袅，柳絮飘飞，好友各奔前途，离愁别绪弥漫在离筵中。后两句实写离别情景，驿亭之中，酒杯频倾，笛曲屡奏，《折杨柳》如泣如诉的音调飘荡在傍晚的春风中。分别以后，你就要远赴潇湘，我则要赶往长安，从此天各一方，会面无期。这首送别小诗声调悠扬，情景鲜明，哀而不伤，韵味无穷。

----------------------------- ❀ 传统纹样欣赏 ❀ -----------------------------

鱼龙纹 西周青铜器

社日^①

王 驾

鹅湖山下稻粱肥^②，豚栅鸡栖半掩扉^③。
桑柘影斜春社散^④，家家扶得醉人归。

注释

① 社日：古代祭祀土地神的日子，春秋两祭，分为春社和
  秋社。

② 鹅湖：地名，在江西铅山县。此地一年两稻，所以春社
  之时，稻粱已肥。

③ 豚（tún）：小猪。也泛指猪。栅：猪圈。鸡栖（qī）：
  鸡舍。

④ 桑柘（zhè）：桑树和柘树。这两种树的叶子均可用来
  养蚕。

解析

　　王驾(851—?)，字大用，自号守素先生，河中(今山西永济)人。唐代诗人。大顺元年(890)进士及第，官至礼部员外郎。

　　古代百姓往往通过社日祭祀活动表达他们对减少自然灾害、获得丰收的良好祝愿，同时也借以开展各类娱乐活动，比如技能比拼、歌舞表演、集体欢宴，非常热闹。王驾《社日》虽无一字正面描写作社的情景，却处处渲染了这个节日的欢乐气氛。第一、二句从侧面烘托节日的喜庆氛围：村内村外，一片富庶、安详景象，且民风淳朴，更具太平之象。第三、四句写"春社散"后的情景："桑柘影斜"，表明天色将晚，祭祀活动开展得热闹而持久；"扶得醉人归"，说明农民玩得开心，不免贪杯。而"家家"显然是夸张之辞，益见春社的热闹非凡。该诗全从侧面着笔，通过选取具有典型意义的生活细节写社日欢乐景象，言简义丰，使人回味深长。

传统纹样欣赏

花卉纹 清代

早 梅

齐 己

万木冻欲折,孤根暖独回。

前村深雪里,昨夜一枝开。

风递幽香出,禽窥素艳来。

明年如应律①,先发望春台②。

注释

① 律:万物生长的周期、自然节候的规律。

② 望春台:指观赏春景的高台。

解析

　　齐己(863—937),俗名胡得生,晚年自号衡岳沙门。潭州益阳(今湖南宁乡)人。唐末五代诗僧。父母早逝,家境贫寒,七岁即替大山寺放牛。性颖悟,常在牛背上作小诗,寺僧以为奇,劝其出家。一生除精研佛理外,致力于诗歌创作，是中晚唐与皎然、贯休齐名的三大诗僧之一。

　　这是一首咏物诗，刻画梅花傲寒的品性，素艳的风韵，并寄托自己的情志。诗歌围绕诗题中的"早"字展开。首联通过"万木"与"孤根"的对比，写出梅花不畏严寒且早得地气的特点。颔联写冰天雪地里"一枝"独放，意在说明此花更早于众梅。颈联写梅花之幽香与素艳。梅香幽而能被感知，禽鸟惊奇窥视，亦皆因梅开之"早"。尾联以双关作结，抒发寄望。从字面看，诗人对早梅寄予厚望，期盼明年还能再见到它的动人风姿，实际上表现的是诗人渴望施展才华、独占鳌头。在写法上，同样紧扣题中之"早"。诗歌语言清润平淡，写早梅得其神韵并体现自我情怀，含蕴十分丰富，是古代众多写梅诗中的上乘之作。

塞　上

柳　开

鸣骹直上一千尺①，天静无风声更干②。
碧眼胡儿三百骑③，尽提金勒向云看④。

注释

① 鸣骹(xiāo)：响箭。

② 干(gān)：脆，响亮。

③ 胡儿：指胡人。多用作蔑称。

④ 金勒：金饰的有嚼口的马络头。

解析

　　柳开(947—1000)，宋代散文家。大名(今属河北)人。原名肩愈，字绍元(一作绍先)；后改名开，字仲涂，号东郊野夫、补亡先生。如此改名取号，皆为标明复兴儒学的雄心大志。柳开性格刚勇豪强，据说生平喜食人肝，带着北方人的粗悍。他是宋代古文运动的先驱，锐意继承韩愈、柳宗元的事业，提倡复古，反对五代颓靡的文风。

　　"塞上"是个很大的题目，用绝句的形式不易表现，然而柳开却抓住胡儿射箭这一典型，"大题小作"，构思独特。诗歌第一句正面写射手技术之高明，其中"直上"，表现箭射出后的锐不可当；"一千尺"，形容箭的射程之远。第二句"天静无风"，不单写出了草原上空的清明宁谧，更映衬出箭声的轻脆、尖厉，以响写寂。后两句写响箭发出后，胡儿的反应：三百骑众，一个个全神贯注、目不转睛，直盯飞速上升的响箭。这一画面又折射出射手对于射技的专注与娴熟。据史料记载，匈奴人发明了响箭，对响箭射手的训练极其严格，所射而不全中者斩之。由此可见，诗人选材极严，以一当十，写出了塞上的特点。

传统纹样欣赏

龙纹　春秋时期

浣溪沙

晏　殊

　　一曲新词酒一杯，去年天气旧亭台。夕阳西下几时回？

　　无可奈何花落去，似曾相识燕归来。小园香径独徘徊。

解析

　　晏殊（991—1055），字同叔，临川（今江西抚州）人。宋代著名的神童，曾任宰相，婉约派重要词人。

　　这是一首咏叹惜春怀旧主题的小词。杯酒欢歌，已成前尘往事，春来天气依旧，亭台依旧，然而物是人非，时光如何能够倒流呢？春去花飞，无可奈何；燕燕归来，似曾相识。这是人人都会有的人生经验。"无可奈何"一联富含哲理，而又声调谐婉，对仗精工，情致缠绵，不愧为天然佳对。而诗人独自徘徊在暮春花园芳香的小径上，似有若无的愁绪难以排遣,读者能够通过作者的笔触感受到他那淡淡的伤感。整首词珠圆玉润,温婉可诵。

鱼跃龙门 清代木刻

小　村

梅尧臣

淮阔洲多忽有村①，棘篱疏败谩为门②。

寒鸡得食自呼伴，老叟无衣犹抱孙。

野艇鸟翘唯断缆③，枯桑水啮只危根④。

嗟哉生计一如此，谬入王民版籍论⑤。

注释

① 淮：指淮河。洲：水中的陆地。

② 棘篱：用荆棘编的篱笆。谩：轻易地，此处指草率地。

③ 鸟翘：像鸟尾翘起的船头。

④ 水啮(niè)：被水冲蚀。危根：暴露在外残存的树根。

⑤ 王民：臣民。版籍：交纳租税的户籍。论：看待。

解析

梅尧臣(1002—1060),字圣俞,宣州宣城(今属安徽)人。宣城古称宛陵,世称宛陵先生。北宋诗人。初试不第,因祖先功德补河南主簿。五十岁后,始得宋仁宗召试,赐同进士出身,为太常博士。以欧阳修荐,为国子监直讲,逐步升官为尚书都官员外郎。他提倡"平淡"的艺术境界,主张"状难写之景如在目前,含不尽之意见于言外"。所作多反映社会现实和民生疾苦,诗风平淡含蓄,语言朴素自然,形象亲切新颖。在北宋诗文革新运动中与欧阳修、苏舜钦齐名。刘克庄在《后村诗话》中称之为宋诗的"开山祖师"。

梅尧臣出身贫穷,同情下层百姓,具有强烈的民本思想。这首诗写洪灾后老百姓的悲苦生活。首句写诗人在行经灾区时见到一个村落,句中的"忽"字很有意味,言外之意这里大多数的村子都被淹没,突出水灾之严重。接下来五句从多个方面描述灾后幸存村落破败荒凉的景象:棘篱疏败、寒鸡呼伴、老叟无衣、野艇断缆、枯桑水啮。然而,灾民们的苦难远不止这些。灾荒如此严重,他们还被编入户籍以向统治者交纳苛捐杂税!作者咏叹至此,不再作评论,但诗人对灾民同情的态度与情感可想而知。

丰乐亭游春

欧阳修

红树青山日欲斜，长郊草色绿无涯①。
游人不管春将老②，来往亭前踏落花。

注释

① 长郊：开阔的郊野。

② 春将老：春将尽，春天快要过去。

解析

　　欧阳修(1007—1072)，字永叔，号醉翁、六一居士。

　　丰乐亭是欧阳修任滁州(今属安徽)太守时在城郊琅琊山上建造的，取农业丰收、与民同乐的意思。欧阳修自号醉翁，爱民如子，经常和老百姓一块到滁州城外的醉翁亭、丰乐亭等地方游玩，写下了《醉翁亭记》、《丰乐亭记》等大量著名的作品。这首诗就是写春天到丰乐亭踏青游春的情形。游玩了一天，到了日暮的时候，放眼望去，红树青山,草色青青,一派大好春光。春游的人们不管春将老去,仍在丰乐亭前来来往往,踏着落花,欣赏春色,一幅熙熙攘攘、官民同乐的和平景象。诗歌写景色彩斑斓,抒情明朗活泼,显示出欧阳修俊逸爽朗的诗歌风格。

茱萸云纹 西汉时期刺绣

宿云梦馆①

欧阳修

北雁来时岁欲昏②,私书归梦杳难分③。
井桐叶落池荷尽,一夜西窗雨不闻。

注释

① 云梦:县名。今属湖北。

② 岁欲昏:年岁将尽。

③ 私书:隐秘不公开的书信。这里指欧阳修妻子给欧阳修的书信。

解析

　　欧阳修曾因"朋党"之罪出放外任,这是诗人在外放途中经过云梦驿馆时思念妻室之作。首句"北雁来时岁欲昏",写季候、时节,也是暗点思归之情。第二句"私书归梦杳难分",是作者对思归之情的具体刻画:读着妻子盼望自己回家团聚的来信,心里又想着家人,不知不觉间进入了梦乡。"杳难分"三字,恰如其分地表现了如真如幻、将醒未醒时的情态和心理。后两句写梦醒后所见所思:桐叶凋落,池荷谢尽,原来已下了一夜秋雨,但自己沉酣于梦境之中,竟充耳不闻。诗歌末句暗用李商隐"何当共剪西窗烛,却话巴山夜雨时"之意,盼望着有朝一日能够与妻子共话今日云梦馆夜雨之情。诗歌虽写于不得意之时,但出语平和,体现出欧阳修一贯的风格。

传统纹样欣赏

花鸟纹 清代

和淮上遇便风

苏舜钦

浩荡清淮天共流，长风万里送归舟①。

应愁晚泊喧卑地②，吹入沧溟始自由③。

注释

① 长风万里：南朝刘宋时，宗炳问他侄儿宗慤(què)的志
   向，宗慤回答说："愿乘长风，破万里浪。"
② 喧卑地：嘈杂低湿的地方。
③ 沧溟：沧海。

解析

苏舜钦（1008—1048），字子美，原籍梓州铜山（今属四
川），生于开封（今属河南），宋代著名诗人，诗风豪迈俊爽。

作者的一位友人在淮水上行舟，遇到顺风，写了一首
诗。苏舜钦也根据这个题目写了这首诗来唱和。诗歌描
写了行船遇到顺风的畅快心情。前两句实写顺风行船，一

句写淮河清澈浩荡的水面,一句写乘风破浪的快意。第三句是个小小的顿挫,为第四句自由壮伟的想象蓄足气势,最后一句冲口而出,愿万里长风将小船吹入沧溟洪波之中,那时才能够得到真正的自由!这篇小诗既生动地赞美了淮河的壮丽,又鲜明地体现了诗人豪迈不羁、追求自由的个性,充分展现了苏舜钦诗歌俊爽豪迈的风格。

❀ 传统纹样欣赏 ❀

三凤纹 战国时期彩绘漆盘

忆钱塘江^①

李　觏

昔年乘醉举归帆，隐隐山前日半衔。

好是满江涵返照^②，水仙齐著淡红衫^③。

注释

① 钱塘江：江名。浙江的下游称钱塘江，著名的"钱塘潮"
　就发生于此。

② 返照：夕照，傍晚的阳光。

③ 水仙：水中女神（钱塘、西湖一带有水仙王庙）。

解析

　　李觏（gòu）（1009—1059），字泰伯，北宋建昌军南城
（今属江西）人，人称盱江先生。思想家，认为五行万物是
阴阳二气之会合；反对道学家不谈"利"、"欲"的虚伪说教。
主张改革，希望实行"量入为出"的财政政策，重视发展生
产；提倡将过多的工商业者和道士、和尚、巫医卜相、倡优

等"冗者"驱之归农,以增加农业劳力。

　　他人写钱塘,喜欢写气势恢宏的钱塘江潮,李觏则另辟蹊径,醉眼看江,别有一番风味。首句交代当年观江之所由,其中"昔年"点明此诗乃追忆之作,切合诗题。"醉"字为全诗之眼,下面三句之景皆醉眼所见:山衔半日,返照入江,白帆成神,更著红衫。钱塘美景,在诗人的笔下,亦虚亦实,虚实相间,似幻如真,切合诗人醉眼观景的特点。该诗让我们领略到钱塘江妩媚多姿的另一面,这不得不归功于诗人的奇思妙想。

-------------------- ❀ **传统纹样欣赏** ❀ --------------------

狮面纹 隋唐时期

题张司业诗^①

王安石

苏州司业诗名老^②，乐府皆言妙入神^③。
看似寻常最奇崛^④，成如容易却艰辛。

注释

① 张司业：唐代诗人张籍，原籍吴郡（今江苏苏州）。贞元间进士，曾任国子司业。其诗多为古风和乐府，平易流畅，艺术造诣甚高。

② 老：老成，指诗歌的技艺如火纯青。

③ 入神：艺术达到神妙境界。

④ 奇崛：独特不凡。

解析

王安石（1021—1086），字介甫，号半山，封荆国公。抚州临川（今江西东乡县）人。北宋杰出的政治家、文学家，"唐宋八大家"之一。官至宰相，主张并主持熙宁变法。其诗"学杜得其瘦硬",擅长于说理与修辞,善于用典故,风格遒劲有力,警辟精绝,也有情韵深婉的作品,对后来宋诗的发展有很大影响。

这是一首王安石评价唐代诗人张籍的诗歌,王安石借此表达对张籍的敬意和自己的诗歌见解。首句夸赞张籍诗名很大,有老成之称。次句以张籍的乐府诗为例,并引众人之言予以高度赞扬。后两句在前两句的基础上展开议论,乃全诗警策之句。诗意谓张籍的诗歌表面看很平常,实则内在构思精巧;似乎很容易写出,实际上每一篇都是诗人反复锤炼的结果。宋人写诗喜欢议论,议论固然会削弱诗歌的艺术性,但好的议论能给人直接的启发。该诗最后两句,不仅准确地道出了文学创作中寻常与奇崛、容易与艰辛的辩证关系,还可以被视为人生的智慧之语。

---------------------- ❧ 传统纹样欣赏 ❧ ----------------------

龙虎座上的西王母 汉代石像画

题西太一宫壁①（其一）

王安石

柳叶鸣蜩绿暗②，荷花落日红酣③。

三十六陂春水④，白头想见江南⑤。

注释

① 西太一宫：道教庙宇，宋仁宗天圣时期所建，在今河南开封县西八角镇。

② 蜩（tiáo）：蝉。

③ 酣：浓烈。

④ 陂（bēi）：池塘湖泊，水库。三十六陂，汴京附近的池塘名。

⑤ 白头：白发，指代诗人自己。

解析

　　王安石的这首诗非常有名，据说苏轼稍后游西太一宫，见到墙壁上这首诗，注目良久，说："此老野狐精也。"意思是说这么好的作品简直不是人能够写得出的。第一句写柳。柳叶呈现出暗绿之色,知了隐藏其中鸣叫,极言柳色之浓。第二句写荷花。在落日的斜照下,荷花更加显得红颜如醉。第三句补写水,同时带出第四句。由眼前的春水,诗人联想到了处处可见河流湖泊的家乡江南,那里也是柳绿荷红,而且还有自己的亲人。然而此时此刻,诗人离家已久,华发满头,父母俱已过世。诗歌由真入幻,触景生情,语意简明而含蓄地表现诗人抚今追昔,思念亲人的情感。

❀◦ 传统纹样欣赏 ◦❀

双鱼纹 金代铜镜

题西太一宫壁（其二）

王安石

三十年前此地，父兄持我东西①。

今日重来白首②，欲寻陈迹都迷。

注释

① 父兄：指王安石的父亲王益和哥哥王安仁。持：将，带领。东西：由东到西，即走动。王安石十六岁时，曾随父兄到过京城。

② 今日：北宋熙宁元年（1068），王安石四十八岁，神宗召他入京，准备进行改革变法。距离初次游西太一宫已经三十二年。

解析

　　西太一宫，位于宋代首都东京的西南，是祭祀太一神的宫殿。这是王安石游览西太一宫时，题在墙壁上的诗歌，共两首，本诗为其中的第二首，内容是感慨今昔的变化。三十多年前，作者曾跟随着父兄游览过西太一宫，而现在父亲已经过世，兄长又远在他方，自己也已由青春少年变得两鬓斑白。故地重游，已经难觅当年的踪影。诗歌充满了浓重的今昔之感，但却表现得非常含蓄，非常深沉，呈现出很高的艺术功力，因而深受苏轼、黄庭坚等著名诗人的赞誉。另外这首诗是六言绝句，在诵读时，音节格调和七言绝句不同，值得细细品味。

———————————— ✤ 传统纹样欣赏 ✤ ————————————

圆形龙纹 隋唐五代

木 末

王安石

木末北山烟冉冉①，草根南涧水泠泠②。
缫成白雪桑重绿③，割尽黄云稻正青④。

注释

① 木末：树梢，树顶。北山：指南京的钟山（紫金山）。冉（rǎn）冉：缓缓移动的样子。

② 泠泠（líng）：水流声音清越。

③ 缫（sāo）：缫丝，将蚕茧浸在热水里，抽出蚕丝。白雪：比喻蚕丝。重绿：重新变绿。

④ 黄云：代指黄熟的麦子。

解析

　　这是一首描写南京钟山附近生机勃勃的山水田园风光的诗歌。树梢上露出云烟缭绕的钟山，草根底下的涧水发出泠泠悦耳的声音。缫完雪白的蚕丝，桑树又长满绿叶;割完黄云般的麦子,又栽上青青的稻秧。诗歌前两句写山水,如一幅灵动的水墨画,绘声绘色。后两句写田园风光,色彩鲜亮,对仗精工,运用比喻、借代的修辞手法,表现出浓烈的丰收喜悦之情,是世所传诵的名句。

龙纹 商青铜器

卜算子

送鲍浩然之浙东①

王　观

水是眼波横②，山是眉峰聚③。

欲问行人去那边，眉眼盈盈处④。

才始送春归，又送君归去！

若到江南赶上春，千万和春住。

注释

① 鲍浩然：生平不详。浙东：今浙江东南部。宋时属浙江
东路，简称浙东。

② 眼波横：形容眼神闪动，状如水波横流。

③ 眉峰聚：形容双眉蹙皱，状如二峰并峙。

④ 眉眼盈盈处：喻指山水秀丽的地方。盈盈：美好的
样子。

解析

　　王观（1035—1100），字通叟，如皋（今江苏如皋市）人。宋仁宗朝进士，历任大理寺丞、江都知县等职。在任时作《扬州赋》，宋神宗阅后大喜，大加褒赏。神宗时官至翰林学士，因所赋《清平乐》词忤怒太后而被罢职。王观于是自号"逐客"，从此以一介平民生活。

　　这是一首送友词，不过与一般送别词的依依不舍不同，此词写得风趣轻松，丝毫没有悲戚之感。上阕起首用两个比喻写鲍浩然眼中见到的山水：水好像是他所思念之人的眼波，山好像是他所思念之人皱着的眉头。沿着这个思路，点出了鲍浩然此行之目的地：眉眼盈盈处。这里，"眉眼盈盈"语涉双关，一方面说所行目的地在山清水秀之处，另一方面指所往之处乃佳人所居之地。下阕的构思也很特别，送春本非乐事，送行更令人伤悲，但词人却说，春归，人也归，人正可赶上春的脚步，所以词人叮嘱友人，与春同住。这里，同样一语双关，既指享受大好的春天，又指与妻妾相伴。这首词比喻巧妙，构思奇异，新而不俗，雅而不谑，颇为与众不同。

中秋月

苏　轼

暮云收尽溢清寒^①，银汉无声转玉盘^②。
此生此夜不长好，明月明年何处看。

注释

① 清寒：清朗而有寒意。

② 银汉：即银河。玉盘：指月亮。

解析

　　苏轼（1037—1101），字子瞻，号东坡居士，眉州眉山（今属四川）人。北宋文学家、书画家。嘉祐二年（1057）举进士，与父苏洵、弟苏辙合称"三苏"。他在文学艺术方面堪称全才，被后人称为"苏海"。其文汪洋恣肆，明白畅达，与欧阳修并称"欧苏"，为"唐宋八大家"之一；诗清新豪健，善用夸张比喻，在艺术表现方面独具风格，与黄庭坚并称"苏黄"；词开豪放一派，对后代很有影响，与辛弃疾并称

"苏辛"。书法擅长行书、楷书，能自创新意，用笔丰腴跌宕，有天真烂漫之趣，与黄庭坚、米芾、蔡襄并称"宋四家"；画学文同，喜作枯木怪石，论画主张神似。著作有《苏东坡集》、《东坡乐府》等。

这首诗记述的是作者与其胞弟苏辙久别重逢、共赏中秋之月的赏心乐事，同时也抒发了聚后不久又得分手的哀伤与感慨。首两句写中秋之月的美好：夜幕降临，云气收尽，天地间充满了寒气，银河流泻无声，皎洁的月亮，就像转动的玉盘。后两句抒情：值此圆月皎洁之际，兄弟团聚，真是难得佳会；然而，明月暂满还亏，人生也会难别易。想到兄弟分离在即，不得不感慨万千，不知明年人在何处？又与何人赏月？后两句的感慨富有哲理，不仅道出了苏氏兄弟彼时彼刻的心情，还替天下难得一乐之人抒发了感慨。本诗意思顺畅，对仗天成，好诗好句，妙手偶得，体现了高妙的艺术手法。

凤纹 清代

澄迈驿通潮阁

苏 轼

余生欲老海南村，帝遣巫阳招我魂①。
杳杳天低鹘没处②，青山一发是中原③。

注释

① 帝遣句：使用《楚辞·招魂》中的典故，原诗中写上帝派遣巫阳为屈原招魂。这里是指皇帝下旨恩许苏轼北还。

② 杳杳(yǎo)：遥远渺茫。鹘(hú)：也叫隼(sǔn)，一种善于高飞的猛禽。没：消失。

③ 一发：一根发丝，极言远山隐隐可见的样子。

解析

　　澄迈驿是海南岛澄迈县的驿站，驿中的通潮阁面临着琼州海峡。苏轼晚年被贬谪到海南的儋州，已经做好了老死海南的思想准备。在他生命的倒数第二年，朝廷下令将苏轼从海南内迁到广东廉州。正是在这种充满了痛苦和希望的复杂心情下,苏轼写下了这首著名的绝句。前两句是叙事,借用上帝使巫阳为屈原招魂的典故含蓄地表达了对于朝廷的依恋。后两句则通过形象的描绘,写出北望中原时希望的殷切和渺茫。从通潮阁向北极目眺望,视线越过滚滚海涛,在那遥远的天边、鹰隼也消失的地方,可以看到地平线上像一线发丝的隐隐青山,那就是朝思暮想的中原故乡啊!天低鹘没的杳渺,青山一发的迢递,画面疏朗空阔,感情则沉郁缠绵,令人低回不已。

❀ 传统纹样欣赏 ❀

水仙花纹 清代

寒　夜

杜　耒

寒夜客来茶当酒，竹炉汤沸火初红。

寻常一样窗前月，才有梅花便不同。

解析

杜耒(lěi)(？—1225)，字子野，号小山，南城（今属江西）人。南宋诗人。

这是一首表现文人雅致生活的诗歌。在一个寒冷的夜晚，客人登门造访，主客围炉而坐，煮茶而啜，甚是惬意。而此时，窗外的月亮一如既往地悬挂着，并无奇异之处。然而，今天的月亮似乎又与往常不同，仔细一看，原来一枝梅花在窗上投下了影子。梅花的出现，改变了整个环境。宋代文人生活精致，常品茶而少饮酒；又注重气节，梅花象征着高洁，故诗人一见梅花，顿觉神清气爽，窗月生色。诗歌真切地反映了宋代文人雅致的生活方式，以及对梅花的喜爱之情。

雨中登岳阳楼望君山①

黄庭坚

投荒万死鬓毛斑②，生入瞿塘滟滪关③。
未到江南先一笑④，岳阳楼上对君山。

注释

① 岳阳楼：即岳阳城西门楼，下临洞庭湖。君山：洞庭湖
中的一座小岛。

② 投荒：贬官到荒僻的地方。

③ 瞿塘：峡名，在四川奉节县附近。滟滪关：滟滪堆是矗
立在瞿塘峡口江中的一块大石。附近水流湍急，是航
行很危险的地带。古代民谣有"滟滪大如襆(fú)，瞿塘
不可触"的话。因其险要，故称之为关。生入……关：
东汉班超从军西域三十一年，年老思归，有"但愿生入
玉门关"的话。此用其语。

④ 江南：这里泛指长江下游南岸，包括作者的故乡分宁
在内。

解析

　　黄庭坚(1045—1105),字鲁直,自号山谷道人,又称豫章黄先生。洪州分宁(今江西修水)人。北宋诗人、书法家。早年受知于苏轼,与张耒、晁补之、秦观并称"苏门四学士"。为盛极一时的江西诗派开山之祖。诗风奇崛瘦硬,力挽轻俗之习,开一代风气。诗与苏轼并称"苏黄";书法与苏轼、米芾、蔡襄(一说蔡京)并称"四大家"。

　　黄庭坚因修国史被政敌诬陷遭贬,徽宗即位,被赦放还。该诗写于归家途经岳阳时登楼而作。首句写诗人历尽坎坷,鬓发苍白,生还无望,极言被贬生活之艰难。第二句表现诗人劫后重生的喜悦:没想到还活着出了瞿塘峡和滟滪关。两句正反相衬,表现了诗人又惊又喜的复杂心情。第三、四句进一步写放逐归来的欣喜心情:在这岳阳楼上欣赏壮阔景观,尚未抵达故乡江南就已欣然一笑,等回到家中,还不知该是如何的欣慰! 全诗避熟就生,构思新奇,非常能够体现黄庭坚的诗歌风格特征。

郭明甫作西斋于颍尾请予赋诗

黄庭坚

食贫自以官为业①,闻说西斋意凛然②。

万卷藏书宜子弟③,十年种木长风烟④。

未尝终日不思颍,想见先生多好贤⑤。

安得雍容一尊酒⑥,女郎台下水如天⑦。

注释

① 食贫:过着清贫的生活。

② 凛然:肃然起敬的样子。

③ 宜子弟:适合于子弟,即为子弟的学习提供了良好的条件。

④ 长风烟:在风云雨露中成长。

⑤ 先生:指郭明甫。好:喜爱。

⑥ 安得:怎么能够。雍容:从容不迫的样子。
⑦ 女郎台:故址在今安徽阜阳县境内。相传春秋时期有
  位胡女,嫁给鲁昭侯做夫人,昭侯为她筑了这座台,后
  人名之为女郎台。

解析

　　颍尾,颍水注入淮水的河口,又名颍口,在安徽颍上县
东南。这首诗是作者应朋友郭明甫之请为其所筑的书
房——西斋而写的,但诗人并没有到过西斋,所以诗歌全
从想象落笔,化实为虚。诗歌中的"闻说"、"想见"、"安得"
等都表示是作者的想象之词。此诗先从自己说起,说自己
由于家里贫穷,不得不将做官当成职业,听说郭明甫在颍
尾建筑西斋,隐居读书,不禁肃然起敬。接下去想象西斋
的风景,万卷藏书,有益子弟;林木丰茂,环境幽雅。同时
又化用《管子》中所说的"十年之计,莫如树木;终身之计,
莫如树人"的典故,将议论暗藏于描写之中。然后描写书
斋的主人好贤爱士,所以自己对于郭明甫非常倾慕。尾联
表示希望能与好友相聚,从容载酒泛舟于女郎台下,欣赏
水天一色的美景。整首诗歌对仗工整,气势充沛,如行云
流水,舒卷自如。

舟 中

陈师道

恶风横江江卷浪,黄流湍猛风用壮①。

疾如万骑千里来,气压三江五湖上②。

岸上空荒火夜明③,舟中起坐待残更。

少年行路今头白,不尽还家去国情。

注释

① 风用壮:表示风力壮猛。

② 三江五湖:解释不一,《尚书·禹贡》以松江、娄江、东江
为三江。《汉书·地理志》以北江、南江、中江为三江。
《水经注》以太湖及其附近的四湖为五湖。《史记》以具
区(太湖)、洮漏(长荡湖)、青草、洞庭、彭蠡(彭泽)为
五湖。

③ 火:这里指磷火。一说是野火、萤火。

解析

　　陈师道（1053—1102），字履常，一字无己，号后山居士。彭城（今江苏徐州）人。诗学杜甫，苦心锤炼，质朴苍老，深受黄庭坚推重，为江西诗派代表性作家。

　　该诗作于宋哲宗绍圣元年，因朝中党祸，苏轼等人被贬，诗人也被罢去颍州州学教授的职务。在离开颍州的舟中，写下这首七言古诗。诗的前四句写舟行之险：江上恶风卷浪，黄流湍急，风势壮猛，动人心魄。后四句着重抒吐情怀。诗人身在舟中，凝神远望，但见江岸上一片空旷荒凉，星星磷火随风飘荡。面对如此情景，诗人无心睡眠，只好坐待更残，回想自己前半生历尽人世的坎坷，从一个意气风发的少年变成未老先衰、鬓发苍苍的中年人，真有说不尽的还家去国之情。全诗以写江上风涛入手，以痛感世事艰难作结。前半极写风浪的险恶，后半流露志士的悲辛，情在境中，深沉悲壮。

❀❀❀ 传统纹样欣赏 ❀❀❀

竹叶纹 清代

绝　句

陈师道

书当快意读易尽，客有可人期不来①。
世事相违每如此，好怀百岁几回开？

注释

① 可人：称心如意之人，这里指知心朋友。期：期待。

解析

　　这首异常朴素的绝句非常深刻地说出了人生的无奈，能将人们心中若有所会而说不清楚的道理生动地表达出来，富有理趣。前两句说好的书籍读来满心愉快，可是很容易读完了；而知心朋友大可人意，满心期待，却总也不来。常言说不如意事十常八九，世事每每如此不能顺遂人意，人生百年，开怀大笑能有几回呢？这首诗体现了典型的宋诗风调，它不以写景抒情见长，而是以议论取胜。但它在表达理趣的同时，也说出了人生的一种况味，因而意味深长。

偶 题

张 耒

相逢记得画桥头，花似精神柳似柔。
莫谓无情即无语，春风传意水传愁。

解析

　　张耒（1054—1114），字文潜，楚州淮阴（今属江苏）人，宋代著名文学家，与黄庭坚、晁补之、秦观并称为"苏门四学士"。诗歌风格平易自然，舒畅而有风味。有《柯山集》传世。

　　这是一首爱情诗，写偶然在画桥上邂逅一位姑娘，这位美丽的女子有像花一样的精神柳一般的温柔，或许只是四目相对，不曾说过一言半语，但不要说她是无情的，春风传递着她的心意，春波荡漾着她的哀愁。在传统社会里，男女之间难得有互相了解的机会，或许墙头马上，或许红叶传书，心有灵犀，身无双翼，造成不少爱情的悲喜剧。但诗人以其敏感的心灵，创作出大量优美的爱情诗篇。此诗就是一首相思相望、一往情深的优秀爱情诗。

浣溪沙

周邦彦

　　楼上晴天碧四垂，楼前芳草接天涯。劝君莫上最高梯。

　　新笋已成堂下竹，落花都上燕巢泥。忍听林表杜鹃啼①。

注释

① 忍：不忍，怎忍。林表：林梢，林外。

解析

　　周邦彦（1056—1121），北宋著名词人。

　　这是一首抒写思乡之情的小词。在晴空万里的日子登楼四望，只见碧色的天空直垂到地平线上。"碧四垂"的含意略同于北朝民歌中的"天似穹庐，笼盖四野"，使人产生一种立体的空间感。青青芳草，绵绵远道，思绪所指，正是远在天涯的家乡和亲人。王之涣说"欲穷千里目，更上一层楼"，作者在这里反其意而用之，奉劝你不要登上最高的楼梯，因为登高临远，故乡渺渺，更引人愁绪而已。上阕写空间之辽远，下阕转而写时光之飞逝。新笋已长成绿竹，落花已化入燕泥，春光老去，初夏降临，怎忍心听那杜鹃啼血，声声"不如归去"呢？整首词对句工稳，轻灵蕴藉，点到即止，充分表现出含蓄空灵的特色。

传统纹样欣赏

莲花纹 唐代

即　事

汪　藻

双鹭能忙翻白雪^①，平畴许远涨清波^②。
钩帘百顷风烟上^③，卧看青云载雨过。

注释

① 能：那么。

② 平畴：平坦的田野。许：这样，如此。

③ 钩帘：钩起帘子。

解析

　　汪藻（1079—1154），字彦章，饶州德兴（今属江西）人，宋代诗人。

　　《即事》原共两首，都是写初夏时的风景，这一首写雨后的风景。由于刚下过雨，在一片茫茫水域之上，一双鸥鹭那样地忙着翻飞白羽，平田中如此远地涨起清波。这是从楼上俯瞰所见。而当诗人钩起帘子，朝上眺望，则看到在广阔无垠、水天相接的空间中，正驶过带着雨意的乌云。诗人以动写静，通过一幅幅跳动的画面，表现出诗人悠然自得的闲适心境。这首诗前两句的音节比较特殊，应读作"双鹭—能—忙翻白雪，平畴—许—远涨清波"，而不宜读成"双鹭—能忙—翻白雪，平畴—许远—涨清波"。这是需要读者特别注意的。

菊花纹 清代

相见欢

朱敦儒

金陵城上西楼[①]，倚清秋。万里夕阳垂地，大江流[②]。

中原乱，簪缨散[③]，几时收？试倩悲风吹泪、过扬州[④]。

注释

① 金陵：今江苏省南京市。

② 大江：长江。

③ 簪(zān)缨：官员的冠饰。簪，簪子，古人用来固定发髻或冠的长针。缨：帽带。这里用来指衣冠士族。

④ 倩(qìng)：请求、恳求。

解析

　　朱敦儒（1081—1159），字希真，号岩叟，洛阳（今河南洛阳）人。宋代著名词人。

　　这是一首抒发家国沦丧的悲凉情怀的词。靖康二年（1127），北宋都城汴京沦陷，宋徽宗、钦宗被金人掳走，北宋覆亡。衣冠士族纷纷渡江南奔。朱敦儒也逃到金陵。正是在这样的情形之下，他登上金陵城的西城楼，倚楼远眺，只看到秋色万里，夕阳垂地，滚滚长江，东流不息。残阳如血，大江呜咽，这是一幅多么凄美悲壮的万里江山图啊！词的下阕直抒胸臆，痛感中原沦丧，衣冠崩奔，怅恨收复无期。只能寄情于悲风，将一掬同情之泪吹到惨遭铁蹄蹂躏的扬州城吧！这首词笔力雄大，气韵苍凉，悲歌慷慨，情见乎词！

————————　❀ 传统纹样欣赏 ❀　————————

云龙纹 清代

如梦令

李清照

昨夜雨疏风骤①，
浓睡不消残酒②。
试问卷帘人③，
却道"海棠依旧"。
"知否？知否？
应是绿肥红瘦"④。

注释

① 雨疏风骤：雨点稀疏，晚风急猛。

② 浓睡不消残酒：虽然睡了一夜，仍有余醉未消。浓睡，
　 酣睡。残酒，尚未消散的醉意。

③ 卷帘人：当指侍女。

④ 绿肥红瘦：绿叶繁茂，红花凋零。

解析

　　李清照（1084—约 1151），号易安居士，齐州章丘（今山东济南）人。宋代女词人。父李格非为当时著名学者，夫赵明诚为金石考据家。早期生活优裕，金兵入据中原，流寓南方，明诚病死，境遇孤苦。所作词，前期多写其悠闲生活，后期多悲叹身世，情调感伤，有的也流露出对中原的怀念。形式上善用白描手法，自辟途径，语言清丽。

　　这是一首写惜花心理的词。首两句写昨晚雨下风起，词人不忍见花儿被风雨摧残，借醉消愁，虽然沉睡一宿，仍余醉未消。第三句写词人醒来之后，赶紧向侍女询问海棠状况，第四句为侍女的回答——海棠花没有什么异样。最后三句乃词人对侍女反诘：你哪里知道，园中的海棠应该是绿叶繁茂、红花稀少！其实，词人并没有外出观察，但她推想外面海棠应当如此，写出了伤春之人复杂的神情和口吻，惜花之意溢于言表。这首词篇幅很小，却写得曲折委婉，极有层次。词人因惜花而痛饮，因情知花谢却又抱一丝侥幸心理而"试问"，因不相信"卷帘人"的回答而再次反问，如此层层转折，步步深入，将惜花之情表达得摇曳多姿。而"绿肥红瘦"一语，更将普通词语写活，历来为世人所称道。

三衢道中①

曾 几

梅子黄时日日晴②，小溪泛尽却山行③。

绿阴不减来时路④，添得黄鹂四五声⑤。

注释

① 三衢道中：在去三衢州的道路上。三衢即衢州，今浙江衢州市衢江区，因境内有三衢山而得名。

② 梅子黄时：指五月，梅子成熟的季节。

③ 小溪泛尽：乘小船走到小溪的尽头。泛，乘船。却山行：再走山间小路。却，再的意思。

④ 绿阴：苍绿的树阴。不减：没有减少，差不多。

⑤ 黄鹂：黄莺。

解析

曾几（1084—1166），字吉甫，自号茶山居士，赣州（今属江西）人，徙居河南洛阳。南宋诗人。历任江西、浙西提刑,秘书少监,礼部侍郎。他学识渊博,勤于政事,后人将其列入江西诗派。其诗多属抒情遣兴、唱酬题赠之作,闲雅清淡。五、七言律诗讲究对仗自然,气韵疏畅。

　　该诗写初夏时宁静的景色和诗人山行时轻松愉快的心情。首句写出行时间及天气特征。梅子快要成熟的江南五月,往往多雨,现在却天天晴朗,诗人心情的愉快可想而知。次句写出行路线。诗人先乘舟而行,到了小溪的尽头,又换走山路,一路趣味无穷。三、四两句紧承"山行",写绿树阴浓,爽静宜人,与此前经过时无异,唯一变化的是更添得几声黄鹂的啼鸣,暗示诗人往返期间已从春天进入初夏。诗歌将一次平常的行程,写得错落有致,平中见奇,不仅写出了初夏的宜人风光,而且诗人的愉悦情状也跃然纸上,让人领略到平凡生活中的意趣。

传统纹样欣赏

人物纹 隋唐时期

南歌子

吕本中

驿路侵斜月,溪桥度晓霜。

短篱残菊一枝黄,正是乱山深处过重阳①。

旅枕元无梦②,寒更每自长。

只言江左好风光③,不道中原归思转凄凉。

注释

① 重阳:重阳节,即农历九月初九,是古人登高赏菊的佳节。

② 元:同"原",本来。

③ 江左:江东,江南。

解析

吕本中(1084—1145),字居仁,寿州(今安徽寿县)人。宋代著名诗人。

靖康事变以后,吕本中逃亡江南,在奔波流离途中恰逢重阳佳节,怀念中原故国,故作此词。上阕写景,月光斜照着驿路,秋霜铺满了溪桥,这是对唐人温庭筠的名句"鸡声茅店月,人迹板桥霜"之意境的化用,烘托出旅途之辛苦。途中看到山村矮矮的篱笆间伸出一枝菊花,才意识到今日正是重阳,故而叹息自己只能在乱山深处草草度过佳节了。重阳佳节的美好和残菊、乱山的并列,显现出一种乱世的荒诞意味。下阕感慨旅途不宁,旅枕无梦,更觉夜长。以前只听说江南的风光好,现在身处江南,却不料离中原故乡越来越遥远,思乡的念头也越来越凄凉。此词多用虚词来斡旋语气,如"元无"、"每自"、"只言"、"不道"、"转"等,使得全词意脉跌宕,情思宛转,很好地表现出无可奈何的漂泊之感。

传统纹样欣赏

竹叶纹 清代

早　行

陈与义

露侵驼褐晓寒轻①，星斗阑干分外明②。
寂寞小桥和梦过③，稻田深处草虫鸣。

注释

① 驼褐：一种用兽毛（不一定是驼毛）制成的上衣，很暖
　 和，不易被露水打湿。
② 星斗：星的总称。阑干：纵横貌。
③ "寂寞"句：意思是带着睡意在清冷孤寂中渡过小桥。

解析

　　陈与义（1090—1138），字去非，号简斋，洛阳（今属河
南）人。两宋之际诗人。早年以《墨梅》诗受到徽宗的赏
识，官至参知政事。南渡之后，因国破家亡，颠沛流离，经
历与杜甫颇为相似。诗学杜甫，创"简斋体"。方回认为陈
与义继黄庭坚、陈师道之后，并为"江西诗派"之三宗。

这是一首描写"早行"的诗歌。诗歌始终围绕标题而展开：首句从感觉写早行。诗人身穿露水不易湿透的驼褐而仍然感觉寒冷，可见此行之久，此行之早。次句从视觉写早行。星斗本不甚清晰，但此时却显得分外明亮，乃环境黑暗之故，同样暗示诗人此行极早。第三句写诗人坐在马上乏困，也极言出行之早。瞌睡中知道走过小桥，可见诗人是被马蹄声惊醒的。最后一句写诗人被惊醒后隐隐约约听到稻田深处的虫鸣之声。这首诗最突出的艺术特色，就是诗人通过感觉、视觉和听觉的交替与综合，描绘早行之状，表现手法细腻而独到。该诗流传以后，仿作者甚众，颇能说明问题。

 传统纹样欣赏

凤凰牡丹 清代

临江仙
夜登小阁，忆洛中旧游

陈与义

忆昔午桥桥上饮^①，坐中多是豪英。长沟流月去无声^②。杏花疏影里，吹笛到天明。

二十余年如一梦，此身虽在堪惊。闲登小阁看新晴。古今多少事，渔唱起三更^③。

注释

① 午桥：位于洛阳城南，唐代名相裴度曾在那里建有绿野堂别墅，为唐宋时期著名的游览胜地。

② 长沟：指流经午桥的通济渠。

③ 渔唱：渔歌。

解析

　　这首词是作者回忆旧游、感慨世事之作。上阕忆昔，下阕感今，以午夜明月为今昔的审合点。陈与义是洛阳人，出身官宦世家，年轻时文采风流，所处的时代又是表面上繁华鼎盛的徽宗大观、政和时期，所以早年和朋友们的欢会成为他对北宋繁华难以忘怀的记忆。词中回忆当年在洛阳午桥上和一群豪杰之士痛饮欢歌，通宵达旦。杏花疏影，笛声悠扬，那是多么爽朗雅致的情景啊！二十年来的世事天翻地覆，靖康事变，二帝蒙尘，北方沦陷，自己也是背井离乡，宦海沉浮，虽然此身尚健，但是回首往事，只觉得心悸魄动！如今闲来登上小阁，雨过天晴，皓月当空，俯仰之间，多少往事已成前尘梦影，只有夜半的渔歌悠悠传来。词作抚今追昔，华丽中透出悲凉，笔法空灵，造语俊爽，回味无穷。

汴京纪事

刘子翚

空嗟覆鼎误前朝^①，骨朽人间骂未销。
夜月池台王傅宅^②，春风杨柳太师桥^③。

注释

① 嗟(jiē)：叹息。覆鼎：使鼎倾倒。鼎在古代是国家权力的标志，覆鼎，是指大臣失职误国。

② 王傅：指徽宗朝曾被封为太傅的宰相王黼。他在徽宗时期权倾一时，贪权误国，是"六贼"之一。

③ 太师：指徽宗朝曾被封为太师的宰相蔡京。蔡京在徽宗时期多次担任宰相，弄权误国，被称为"六贼"之首。

解析

　　刘子翚（1101—1147），字彦冲，崇安（今属福建）人。宋代理学家，学者称其为屏山先生，是大思想家朱熹的老师。

《汴京纪事》是一组二十首的组诗，这是其中的第七首。汴京，就是北宋的都城开封。这一组诗是作者为反思北宋覆亡原因而作。本首批判宋徽宗时期祸国殃民的大奸臣王黼和蔡京。这些人都是导致国家灭亡的罪魁祸首，即使已经死去多年，仍然为人唾骂不休。他们在汴京城里的豪华住宅中仍然残留着亭台楼阁和池苑桥梁，都成为人们指点咒骂的对象。

传统纹样欣赏

云鹤纹 清代织绣

题临安邸^①

林 升

山外青山楼外楼，西湖歌舞几时休？

暖风熏得游人醉^②，直把杭州作汴州！^③

注释

① 临安：南宋都城杭州。邸（dǐ）：旅店，客舍。

② 熏：熏染。

③ 汴州：北宋的都城汴京，今河南开封市。

解析

　　林升，生卒年不详，生活于南宋淳熙（1174—1189）时期的读书人，这是他唯一流传下来的作品，是写在临安旅店里的题壁诗。

　　这首诗歌讽刺南宋统治者不知奋发图强、恢复中原，只图偏安一隅、醉生梦死的丑态。朝野上下，文恬武嬉，杭州的重湖叠翠、青山楼台、三秋桂子、十里荷花，成为统治者纸醉金迷的安乐窝。而中原的大好河山，汴京的繁华故都早已被忘却。上上下下，都习以为常。然而，经过林升如此一写，将繁华背后的荒唐揭示出来，便显得触目惊心，达到了惊人的讽刺效果。

飞天纹 北魏时期巩县石窟寺石刻

秋夜将晓出篱门迎凉有感①

陆 游

三万里河东入海②，五千仞岳上摩天③。
遗民泪尽胡尘里④，南望王师又一年⑤。

注释

① 将晓：天将要亮。篱门：用竹片或竹竿编的门。迎凉：
出门乘凉。

② 三万里：形容河长，是虚指。河：指黄河。

③ 五千仞：形容山高。仞，古代计算长度的单位，八尺（一
作七尺）为一仞。岳：山岳。这里当指为"胡尘"沦陷的
北方泰、恒、嵩、华四岳。一说指东岳泰山和西岳华山。
摩天：碰到天。摩，摩擦，接触。

④ 遗民：指在金占领区生活却认同南宋王朝统治的人民。
泪尽：眼泪流干了，形容十分悲惨、痛苦。胡尘：指胡人

骑兵的铁蹄践踏扬起的尘土。喻指金朝的暴政。胡，
中国古代对北方少数民族的泛称。

⑤ 王师：指宋朝的军队。

解析

陆游（1125—1210），字务观，号放翁。越州山阴（今浙
江绍兴）人。南宋爱国诗人。一生勤于创作，写诗六十年，
保存下来就有九千三百多首。

南宋中后期，统治者安于现状，不思进取，不愿也不敢
收复失地。爱国诗人陆游晚年退居山阴，而志气不衰，在
一个秋夜将晓之际，赋诗抒发胸中愤懑。诗题中"将晓"二
字，暗示诗人一夜未眠，正可见忧思之深。首两句写祖国
大好河山奇伟壮丽。滔滔大河，奔流入海；巍巍高山，上接
青冥。江山如此多娇，然而却长期沦陷于金国的铁骑之
下，怎不令人痛心！下两句写北方沦陷区百姓的期望。遗
民年复一年遭受着异族的蹂躏，眼泪已经流干，整日盼望
南宋王师收复失地，然而又一年过去了，南宋仍然丝毫没
有动静。诗歌感情沉痛，结尾含蓄而不失强烈的批判，读
之令人奋起。

临安春雨初霁^①

陆 游

世味年来薄似纱^②,谁令骑马客京华^③?

小楼一夜听春雨,深巷明朝卖杏花。

矮纸斜行闲作草^④,晴窗细乳戏分茶^⑤。

素衣莫起风尘叹^⑥,犹及清明可到家^⑦。

注释

① 临安:今浙江杭州市。南宋朝廷的京城。初霁(jì):雨
后初晴。霁,晴朗。

② 世味:世态人情。

③ 京华:即京城。

④ 矮纸:即短纸、小纸。作草:写草书。

⑤ 细乳:煮茶时泛起的泡沫。分茶:犹言品茶。

⑥ "素衣"句:陆机《为顾彦先赠妇》诗云:"京洛多风尘,素
衣化为缁。"表面是说京城洛阳风尘太大,把白衣都染

黑了。实质暗指京城里风气太差,把人品都玷污了。这里诗人反用典故,意思是说不久就要回家,无须顾虑京城的恶劣风气。

⑦ 犹及:还赶得上。

解析

　　陆游的这首诗写于到临安朝见皇帝、百无聊赖地在客栈中等待之际。此时,诗人对朝廷不抵抗的行为已经看得非常清楚,诗歌首联感叹:人情冷暖,世态炎凉,我何必骑马客居于京城? 颔联写得细腻而形象,诗人听到春雨淅沥,想到明朝春光淡荡,小巷中肯定传来叫卖杏花之声。诗人用明快的字眼,含蓄表达郁闷与惆怅。颈联写诗人百无聊赖,唯有用写字、品茶的方式打发时光。最后一联反用典故,自勉自期说:我不会被京城的混浊空气所污染,因为很快就会离京回家。此诗风格清新飘逸,不同寻常,尤其是"小楼"一联,写临安春日风情,韵致深长,是历来传诵的名句。

夜归偶怀故人独孤景略^①

陆 游

买醉村场半夜归,西山落月照柴扉^②。
刘琨死后无奇士^③,独听荒鸡泪满衣!

注释

① 故人:老朋友。独孤景略:独孤是姓,景略为名,诗人的
朋友,生平事迹不详。揣摩诗意,当属刘琨一类人物而
与作者志气相投者。

② 柴扉:柴门。

③ 刘琨:字越石,西晋将领。曾与祖逖闻鸡起舞,永嘉之
乱后任并州刺史,据太原孤城抵御匈奴刘渊、刘聪等十
余年。东晋立国,受朝廷重任,力主恢复中原。终因时
运不济,壮志未酬。

解析

    诗歌题目写的是怀念故交,然而表现的内容远远超出了这一主题。一、二句写深夜方归,以至落月已经照到柴门。为何晚归?是因为喝醉了酒。为何醉酒?诗歌没有点明,但三、四两句实际上间接给出了答案:当年刘琨与祖逖闻鸡起舞,立志收复失地,可是自从刘琨死后,再也没有出现这样的志士了。现在我独自听着野外的鸡鸣,泪流满襟。诗末两句,借古讽今,言下之意是现在与西晋、东晋之交形势一样,却再也没有刘琨这样勇于担当、以恢复失地为己任的爱国志士了。此诗对南宋小朝廷不思抗金的行为没有直接予以批判,但是讽刺的效果含蓄而隽永,令人味之无极。

-------------------- ❧ **传统纹样欣赏** ❧ --------------------

蛇纹 商代晚期青铜器

诉衷情

陆　游

当年万里觅封侯①,匹马戍梁州②。
关河梦断何处③? 尘暗旧貂裘。
胡未灭,鬓先秋④,泪空流。
此生谁料,心在天山⑤,身老沧洲⑥!

注释

① 觅封侯:寻找建功立业、封王封侯的机会。
② 戍:守卫。梁州:即南郑,今陕西汉中。当时是宋金对
　垒的前线。
③ 关河:关山河防。梦断:梦醒。
④ 鬓先秋:两鬓斑白。
⑤ 天山:泛指西北的大山,这里借指抗金前线。
⑥ 沧洲:水边沙洲,这里指江南水乡的隐居之地。

解析

　　这首词是爱国诗人陆游一生壮志难酬的悲剧的生动写照。作者将当年的雄心和如今的无奈相对照，想当年，作者匹马万里，纵横驰骋，杀敌报国，希望建功立业。然而，当权者的腐朽无能，使自己报国无门，梦中是铁马冰河，梦醒时却是貂裘尘暗、两鬓斑白。壮心犹在，却只能老死乡间。词作悲凉高亢，沉郁顿挫，一腔忠愤，令人回肠荡气。

━━━━━━━━━━━━━━━━━━━ ✿ 传统纹样欣赏 ✿ ━━━━━━━━━━━━━━━━━━━

祥云纹 元明

卜算子
咏 梅

陆 游

驿外断桥边，寂寞开无主。已是黄昏独自愁，更著风和雨①。

无意苦争春，一任群芳妒②。零落成泥碾作尘，只有香如故。

注释

① 著：值，遭遇。

② 一任：听凭，任凭。

解析

这是一首著名的咏梅词，既为梅花传神写照，也寄寓了作者的高洁人格。词中所咏的梅花是开在驿站外、断桥边的无主梅花,寂寞开放,又遭到风雨的无情侵凌,孤独而哀愁。梅花天性高洁,不畏严寒,是初春时节最早开放的花,但她其实并不想与众花争春,所以任凭群芳的嫉妒。等到百花齐放的时候,梅花早已经飘零,化入泥土,碾成尘埃,只有那清香依然如故。充满傲骨的梅花本是高洁的象征,陆游一生酷爱梅花,曾称梅花是"花中气节最高坚",又说"何方可化身千亿,一树梅花一放翁",他把自己的人格理想寄托在对梅花的描写中,遗貌取神,托物寄意,可谓咏梅的佳作。

传统纹样欣赏

伎乐天 北魏时期敦煌壁画

题米元晖潇湘图

尤　袤

万里江天杳霭^①，一村烟树微茫。
只欠孤篷听雨^②，恍如身在潇湘^③。

注释

① 杳(yǎo)霭(ǎi)：幽深渺茫。

② 孤篷：有篷的孤舟。

③ 潇湘：潇水和湘水，在今天的湖南省。

解析

尤袤(1127—1194)，字延之，号遂初居士，无锡(今江苏无锡)人。南宋诗人。和陆游、范成大、杨万里齐名，并称为"中兴四大家"。

这是一首六言题画绝句。题在宋代画家米友仁(字元晖)所画的《潇湘白云图》后。前两句实写画中景物，其中一句从大处着眼，一句从细微处下笔。米友仁与其父米芾

都擅长用水墨点染的手法描绘烟云连绵的山林景物，世称
"米家山"，本诗形象地写出了米家山烟雨迷蒙的特点。后
两句则是虚写，诗人说自己看画入神，恍惚觉得身处潇湘
之畔，只是少了个孤篷听雨而已。

花纹 宋代石刻

初入淮河四绝句（其一）

杨万里

船离洪泽岸头沙①，人到淮河意不佳。
何必桑干方是远②，中流以北即天涯。

注释

① 洪泽：湖名，在今江苏北部，和淮河通连。作者由洪泽湖进入淮河，再向北走。

② 桑干：桑干河，在太原之北，今天山西省大同市的南面。桑干河在北宋是宋国和辽国的边界。

解析

杨万里（1127—1206），字挺秀，号诚斋，吉州吉水（今江西）人。南宋著名诗人，与陆游、范成大、尤袤合称"中兴四大家"。杨万里的诗歌风格活泼灵动，趣味盎然，被称为"诚斋体"。

南宋和金签订隆兴和议，以淮河为国界，中原大好河山沦陷。本诗是杨万里出使金国,途经淮河时所写。船只一离开洪泽湖而进入淮河,诗人的心情马上变得沉重起来。淮河原来不过是大宋境内的一条内河,现在竟然成了界河。还说什么遥远的桑干河呢? 连处于腹地的淮河也竟然成了宋、金两国的分界线,以江心为界,中流以北就属于金国,和天涯一般的远不可及。诗人以桑干河和淮河作对比,以强烈的反差衬托出现实之残酷,使诗歌变得触目惊心。

花纹 元代

道旁小憩观物化[①]

杨万里

蝴蝶新生未解飞,须拳粉湿睡花枝[②]。
后来借得风光力[③],不记如痴似醉时[④]。

注释

① 憩(qì):休息,歇息。

② 须拳:蝴蝶的触须蜷曲在一起,还未舒展开来。粉湿:蝴蝶翅膀上的粉屑还未干燥。

③ 风光:风和阳光。

④ 如痴似醉时:指新生的蝴蝶还不会飞动的时候。

解析

　　杨万里的诗歌轻灵活泼,充满生趣。他善于观察事物,能够抓住事物最富于动感的部分进行描写,在古代诗歌中别具一格。这首小诗就是一个很好的例子。作者描写在路旁短暂休息时,观察到新生蝴蝶的变化过程。从蝶蛹孵化,变成翩然飞舞的蝴蝶,这个蜕化过程就是古人经常描述的化蝶。杨万里的这首诗则集中描写蝴蝶刚刚钻出蝶蛹的那一瞬间。此时的蝴蝶好似一个新生儿,蝶须蜷曲,蝶翅濡湿,似乎还未睡醒。但一旦煦风吹过、阳光照耀,小小蝴蝶就开始翩翩起舞了。作者的观察非常敏锐,就像一架高速摄像机一样,非常精确又诗意盎然地捕捉到常人往往会忽略的一些细节。后两句诗人又从这一小小的变化中悟出一些哲理,引人思索,真可谓一首姿态生动、妙趣横溢的好诗。

传统纹样欣赏

龙纹 清代

春 日

朱 熹

胜日寻芳泗水滨^①，无边光景一时新^②。
等闲识得东风面^③，万紫千红总是春。

注释

① 胜日：好日子。寻芳：游春，踏青。泗水：河名，在山东省，流经孔子家乡。孔子生前曾在那里讲学，死后也葬在那里。滨：水边，河边。

② 光景：风光景物。

③ 等闲：平常，轻易。等闲识得：容易识别的意思。

解析

　　朱熹（1130—1200），字元晦，一字仲晦，号晦庵、晦翁。南宋徽州府婺源县（今江西婺源）人。十九岁进士及第，曾任荆湖南路安抚使，仕至宝文阁待制。为政期间，申敕令，惩奸吏，治绩显赫。他是南宋著名的理学家、教育家、诗人、闽学派的代表人物,世称朱子,是孔子、孟子以来最杰出的弘扬儒学的大师。

朱熹是理学家,其诗常蕴含义理,这首诗也是如此。从字面上看,这是一首游春诗。首句交代出游的时间、地点;次句写寻春所得总体印象:无边无际的风光焕然一新。最后两句写诗人寻芳的具体感受:平时都说东风好,却不知东风到底是何面目?今天终于感知到了它,就是那万紫千红的一派新气象。然而,我们还可以作更深一层的解读:诗人向孔门寻求"道",突然有所得,对儒家学说有了更鲜明、生动的认识。再进一步,我们平时的求知学习,不是也有这样的体会吗?理学诗容易写得干枯,但朱熹的这首既蕴含深刻,又形象生动,是难得的好诗。

------------- ◈ 传统纹样欣赏 ◈ -------------

兰梅图 明代漆盒

西江月

张孝祥

问讯湖边春色①，重来又是三年。
东风吹我过湖船，杨柳丝丝拂面。

世路如今已惯②，此心到处悠然③。
寒光亭下水如天，飞起沙鸥一片④。

注释

① 问讯：打听。湖：指江苏溧阳的三塔湖，寒光亭即在此
湖中。

② 惯：习惯。

③ 到处：意思是"所到之处"。

④ 沙鸥：典出《列子·黄帝篇》："海上之人有好鸥鸟者，每
旦之海上，从鸥鸟游，鸥鸟之至者百往而不止。其父
曰：'吾闻鸥鸟皆从汝游，汝取来，吾玩之。'明日之海
上，鸥鸟舞而不下也。"

解析

　　张孝祥(1132—1170),字安国,号于湖居士,历阳乌江(今安徽和县)人。南宋著名词人。绍兴二十四年(1154)进士。因廷试第一,拔擢状元。他积极主张抗金,登第后即上书为岳飞鸣冤,秦桧指使党羽诬其谋反,将其父子投入监狱。秦桧死后获释,暂代中书舍人,又任抚州知州、建康留守等职。他的词继承苏轼风格,多爱国之作,以豪迈著称。

　　上阕首二句写词人重访三塔湖,表达对湖边春色的怀恋,以及再次到访的欣喜。三、四两句描画词人乘船过湖的情景:东风劲吹,柳丝拂面,船儿轻快地渡湖而去,表现出词人与自然融为一体的畅快心理。下阕首句暗承上阕"过湖",既写现实中湖边的道路,又指尘世的生活道路。次句表示尽管世路险恶,我已司空见惯,故能随遇而安。结尾两句,紧承"悠然"二字而又宕开一笔,着力描写来到湖中寒光亭时所见的自然美景:湖水与天空相接,鸥鸟自由翱翔。词人暗用典故,说明自己愿与沙鸥为盟,忘却世事。全词写景饱含情感,写世事则语涉憎恶,在对比中写出词人回归自然的愿望,尤其结尾语淡意远,余味不尽。

书窗即事①

朱淑真

花落春无语,春归鸟自啼②。
多情是蜂蝶,飞过粉墙西③。

注释

① 书窗即事:把书房窗外的事物写成诗。即事,就眼前的
事抒发感想。

② 春归:春天归去。

③ 粉墙:白色的墙。

解析

朱淑真(约 1135—约 1180),号幽栖居士,宋代女词
人。南宋初年在世,生平不可细考。相传为浙江人,生于
仕宦之家。其夫为文法小吏,因夫妻志趣不合,感情不睦,
终致抑郁早逝。又传淑真过世后,父母将其生前文稿付之
一炬。现有《断肠诗集》、《断肠词》传世,为劫后余篇。

这是一首写"春归"之景的诗歌。暮春时节，花儿凋落，春天不声不响地独自离去。鸟儿自在啼叫，似乎未觉异常；只有那采花酿蜜的蜂蝶，察觉到花谢春归的气息，飞过粉墙的西面，多情地追逐春天而去。全诗将春天、鸟儿、蜜蜂、蝴蝶当做人来写，活泼灵动，充满生气，而诗人的惜春之情、留春之意也在此过程中自然流露。

传统纹样欣赏

龙纹　两宋时期

西江月
夜行黄沙道中①

辛弃疾

明月别枝惊鹊②,清风半夜鸣蝉。

稻花香里说丰年,听取蛙声一片。

七八个星天外,两三点雨山前。

旧时茅店社林边,路转溪桥忽见。

注释

① 黄沙道中:黄沙岭,在信州上饶之西。为作者所经常往来的地区。

② 别枝:斜枝。

解析

辛弃疾(1140—1207),字幼安,号稼轩,历城(今山东济南)人。南宋词人。出生时,山东已为金兵所占。二十一岁参加抗金义军,不久归南宋。一生坚决主张抗金,遭到主和派的打击,曾长期落职闲居江西上饶、铅山一带。晚年一度起用,不久病卒。其词抒写力图恢复国家统一的爱国热情,倾诉壮志难酬的悲愤,对南宋上层统治集团的屈辱投降进行揭露和批判;也有不少吟咏祖国河山的作品。艺术风格多样,而以豪放为主。热情洋溢,慷慨悲壮,笔力雄厚,与苏轼并称为"苏辛"。

此词写作者"夜行黄沙道中"的所见所闻。与沉雄激越的主导风格不同,这首词描写山村夏夜瞬间变化的景色,风格清新俊逸。词的上片写晴天的夏夜。"明月"、"清风"、"蛙声"等在农村习以为常的自然景象,经过词人的精心组合,变得别有情趣:月光明亮,惊醒了熟睡在斜枝上的鹊儿;习习清风,又传来知了的叫声;更妙的时,田里蛙声齐鸣,好像预报今年必将是丰收之年。下片写山雨欲来时的情景。先写雨前天外挂着稀疏的星星,接着写将下未下之雨,滴滴答答两三点。词人眼见乌云密布,大雨即将来临,赶紧寻地避雨,慌乱之间,埋头走路,没想到突然之间见到了熟悉的茅草小店,心中充满惊喜。这首词形象生动逼真,感受亲切细腻,笔触轻快活泼,使人有身历其境的真实感。

清平乐
独宿博山王氏庵①

辛弃疾

绕床饥鼠，蝙蝠翻灯舞。屋上松风吹急雨，破纸窗间自语②。

平生塞北江南③，归来华发苍颜④。布被秋宵梦觉，眼里万里江山。

注释

① 庵：草屋。

② "破纸"句：窗间破纸瑟瑟作响，好像自言自语。

③ 塞北：借指沦陷的中原地区。

④ 归来：指淳熙八年(1181)冬被劾落职归隐。

解析

　　这首词向我们展示了两个画面，一个是现实中的，另一个是想象中的。现实的景象是词人独自寄宿于一所破败的房子里，看到饥饿的老鼠绕床觅食，蝙蝠绕灯起舞，屋外风雨交加，窗纸鸣叫。在这样的环境里，一生为了国事奔走于大江南北，现已头发花白、容颜苍老的词人突然从梦中醒来，眼前犹现梦中所见的大好河山。王氏庵屋里屋外景象凄凉，令人慨叹失路英雄之无奈。词人眼前幻化之景，令人感受到词人以天下为己任的浩然正气。在对比的描写中，词人身居陋室而心怀天下的爱国情怀昭昭可见。

传统纹样欣赏

花篮纹 清代

菩萨蛮
书江西造口壁

辛弃疾

郁孤台下清江水①,中间多少行人泪?西北望长安②,可怜无数山③。

青山遮不住,毕竟东流去。江晚正愁余④,山深闻鹧鸪⑤。

注释

① 郁孤台:位于江西赣州城西北,因其郁然孤立高出平地数丈而得名,为当地名胜。清江:赣江,郁孤台即位于赣江边。

② 长安:这里代指北宋首都汴京。

③ 可怜:可惜。

④ 愁余:使我忧愁。

⑤ 鹧鸪:南方的一种鸟类,古人认为这种鸟鸣声凄切,似乎在说"但南不北",故容易牵动北方人的思乡之情。

解析

　　造口,也叫皂口,是皂口溪汇入赣江的地方,位于江西万安县南,其上游离赣州不远,当时辛弃疾任江西提刑,驻扎在赣州,造口是辛弃疾经常路过的地方。而这个地方,曾经和南宋朝廷的存亡密切相关。当年金兵渡江追赶隆祐皇太后,一直追到造口,太后弃舟走陆路,才摆脱金兵追击。在南宋政权处于命悬一线的危急关头,这件事情具有重要的象征意义。当辛弃疾经过造口时,有感于此,写下了这首著名的词作。此词从赣州的郁孤台写起,实有借用地名表现自己郁然孤立的情怀的用意。郁孤台下,清澈的赣江流过,一直流到造口,这条江水,曾经流淌过多少行人的辛酸泪水啊! 北望中原,可惜无数青山遮住望眼! 虽然青山能遮住北望故国的视线,但毕竟遮不住滚滚东流的江水。薄暮时分,万山深处,正当我愁绪满怀,却听到鹧鸪鸟声声哀鸣。作者志在恢复中原,现今却愈行愈远,壮志难酬,国运飘摇,徒唤奈何! 虽然这只是一首短短的小令,但作者却能使用比兴寓托之法,大气包举,将家国兴亡之感包蕴在短短的词作中,苍茫悲壮,感人至深。

过　湖

俞　桂

舟移别岸水纹开，日暖风香正落梅。
山色蒙蒙横画轴，白鸥飞处带诗来。

解析

俞桂，仁和（今属浙江）人，南宋晚期诗人。

这首小诗描绘了一幅美妙的湖山画卷。诗人在一个晴明暖和的日子里，乘船离岸，水面荡起细细的波纹。仲春时分，几瓣梅花随风飘落，风中送来微微的香气。小船驶入湖中，远远望去，对岸的青山云雾蒙蒙，好像展开的画轴；水天一色的湖面上，几只白鸥翩然飞过，带来了浓郁的诗意。诗中有画、画中有诗，是古人对诗画这两种艺术互相影响的经典概括。古人又说"诗是有声画，画是无声诗"。俞桂的这首诗歌堪称是一幅鲜明、活泼的有声画卷，甚至比画卷有着更为丰富的内涵。远山空蒙、日暖风香、白鸥飞鸣，是一幅声、色、味俱佳，动感十足的动态画面。

江阴浮远堂①

戴复古

横岗下瞰大江流②，浮远堂前万里愁。
最苦无山遮望眼，淮南极目尽神州③。

注释

① 江阴：今属江苏。浮远堂：在江阴城北君山上，可瞰长
江。堂名浮远，取苏轼《同王胜之游蒋山》诗中"江远欲
浮天"意。

② 横岗：东西走向的山岗。这里指君山。瞰：向下看，
俯视。

③ 淮南：指今江苏、安徽长江以北、淮河以南之地。南宋
与金议和，以淮河为界。极目：穷尽眼力。神州：原指
中国，这里指淮河以北为金人所占领的地区。

解析

　　戴复古(1167—?),字式之,天台黄岩(今属浙江台州)人。常居南塘石屏山,故自号石屏。南宋著名的江湖派诗人。一生不仕,浪游江湖,后归家隐居,卒年八十余。曾从陆游学诗,内容亦多爱国情怀。作品受晚唐诗风影响,兼具江西诗派风格。

　　南宋朝廷不思恢复,与金人以淮河为界,分而治之。这首诗写诗人登楼远眺时产生的山河破碎之感,非常沉痛。前两句围绕长江展开,是近瞰。站在君山上的浮远堂俯视长江,哀愁也随之而生,有如长江之水,滔滔不尽。这里,诗人将抽象的哀愁,用具体的形象表现,使原来难以表达的情感,显得十分生动、真切。后两句围绕山展开,是远望。诗人的构思较为新奇,一般人以有山遮眼为恨,诗人却以无山遮眼为苦,这是因为,无山遮挡,登楼北望,可以看到被金人占领的国土,徒增悲伤。

❧ 传统纹样欣赏 ❧

花瓶纹 清代

除夜自石湖归苕溪^①

姜　夔

笠泽茫茫雁影微^②，玉峰重叠护云衣。
长桥寂寞春寒夜^③，只有诗人一舸归。

注释

① 除夜：即除夕。石湖：湖名，在今苏州城西南。苕溪：水
　 名，在今浙江省北部。

② 笠泽：指太湖。

③ 长桥：桥名。即垂虹桥，在江苏吴江。

解析

　　姜夔（约1155—约1221），字尧章，别号白石道人，饶
州鄱阳（今江西波阳县）人。南宋词人、音乐家。早有文
名，然屡试不第，终生未仕，一生转徙江湖，靠卖字和朋友
接济为生。颇受杨万里、范成大、辛弃疾等人推赏，以清客
身份与张镃等名公臣卿往来。存词多为记游、咏物和抒写

个人身世、离别相思之作，偶然也流露出对于时事的感慨。姜夔多才多艺，精通音律，能自度曲，词作格律严密，字句雕琢。词风清空峭拔，格调甚高，颇有矫正婉约词媚无力之意。

这首诗写诗人在除夕之夜渡湖而归的所见所感。首两句写远望之景：浩淼太湖，茫无际涯，天水之间，唯有雁影依稀可见，山峰周围，云雾萦绕，若隐若现。后两句即景抒情：长桥之寂寞，春夜之寒，既是实景，亦是诗人此刻心境之写照；一叶扁舟，载我独归，更见落寞之情怀。诗歌最后一句乃全篇的灵魂，前三句中分散的物象如水、云、山、桥因此而有了生命，皆为诗人寂寞、灰暗情绪的投射。就风格而言，诗歌深婉含蓄，意在象外。

鸳鸯荷花纹 清代

姑苏怀古

姜　夔

夜暗归云绕柁牙①，江涵星影鹭眠沙。
行人怅望苏台柳②，曾与吴王扫落花。

注释

① 柁（duò）牙：桅杆。桅杆高耸，低垂的云幕似乎从远处
归来，绕在桅杆之旁。

② 苏台：即姑苏台，在今苏州市西南的姑苏山上，春秋时
吴王阖闾所建，从台上可以眺望太湖。

解析

　　这是一首写法别致的怀古诗。首联写景，似与主题无
关。所写之景，一动一静。动者，客人乘船而归，而晚霞似
乎也绕着船桅飘动，伴随着客人而归，景物都是有情有义。
静者，平静的江面，倒映着漫天的星光，岸边的鹭鸟安静地
在沙滩睡眠。诗人正是在这样一个静谧的夜晚，隐隐望见

远山上姑苏台的柳影,想象着这些柳枝当年曾经拂过吴王馆娃宫的落花。怅望千秋一洒泪,萧条异代不同时。诗人正是通过自己奇特的想象,带给读者新奇的阅读感受。

传统纹样欣赏

龙戏珠 清代

戊辰即事①

刘克庄

诗人安得有青衫②,今岁和戎百万缣③。
从此西湖休插柳,剩栽桑树养吴蚕④。

注释

① 戊辰:即南宋嘉定元年(1208)。即事:以当前事物为题材作诗。宰相韩侂胄(tuō zhòu)为了"立盖世功名以自固",草草出兵北伐,结果招致大败。战后和约,以宋朝每年向金人交纳大量钱财为代价。

② 青衫:古代读书人或一般人穿的衣服。

③ 和:和议。戎:北方民族,指金人。缣(jiān):绢。以上两句意思是:朝廷和约赔款的绢帛,达百万之巨,让诗人连青衫也穿不上了。

④ 剩:全、都的意思。吴蚕:苏州是当时著名的丝绸出产地,故曰吴蚕。以上两句意为:从今以后西湖边上不要再插杨柳了,全种上桑树养蚕,以供政府"和戎"算了。

解析

　　刘克庄（1187—1269），字潜夫，号后村，莆田（今属福建）人。南宋词人、诗人。官至暂代工部尚书，兼侍读。他是辛派词人的重要代表，词风豪迈慷慨。早年与翁卷、赵师秀等人交往，诗歌创作受他们影响，刻琢精丽；又与戴复古、敖陶孙等人有往来，后致力于独辟蹊径，成就也在其他诗人之上。

　　这是一首讽刺诗，以幽默诙谐的笔调，痛斥了南宋统治者为保住苟安局面不惜向金人输绢赔款的行径。首句说一般读书人将没有青衫可穿，次句紧接着解释原因：为的是要向金国增纳大量绢帛。针对这一现实，诗人在三、四句向统治者贡献了"良策"：砍光西湖著名景点上的柳树，栽种桑树以养蚕，这样就有可能完成向金国纳绢的任务，诗人或许还有青衫可穿。诗人的建议听上去很荒唐可笑，而表现出来的心情却颇曲折沉痛——正是统治者的荒唐行径才导致了诗人的可笑之思！诗人在此运用独特的构思，对统治者竭尽挖苦讽刺之能事。诗歌表现的主题是严肃的，在写法上却是幽默风趣的，值得我们好好揣摩。

玉楼春
戏呈林节推乡兄

刘克庄

年年跃马长安市①，客舍似家家似寄。

青钱换酒日无何②，红烛呼卢宵不寐③。

易挑锦妇机中字④，难得玉人心下事⑤。

男儿西北有神州⑥，莫滴水西桥畔泪⑦。

注释

① 长安：今陕西省西安市，这里代指南宋都城杭州。

② 青钱：上好的铜钱。无何：无所事事。

③ 呼卢：指赌博。古代赌博用骰（tóu）子五枚，每枚骰子
  一面为黑色，画牛犊，一面为白色，画雉鸟。赌博时掷
  出骰子，如果五枚全黑，称之为"卢"，是最好的彩头。
  人们赌博时往往一面掷骰子，一面大声吆喝"卢、卢"，

故称赌博为"呼卢"。

④ 挑:挑花纹,织锦。锦妇机中字:使用苏蕙织回文诗的典故。前秦时窦滔长期不能回家,妻子苏蕙十分思念丈夫,就在织锦时织上一首回文诗,寄给丈夫,表达婉转相思之意。

⑤ 玉人:美人,这里指歌儿舞女。

⑥ 西北有神州:指南宋时期北方故土沦陷的事实。

⑦ 水西桥:具体地方不详,当在杭州。这里指代歌女聚集的繁华闹市。

解析

　　这首词是刘克庄写来劝勉同乡朋友的。节推,节度推官,是唐宋时期节度使、观察使等官员的下属。本词寓庄于谐,貌似戏谑,实际表达的是极为严肃沉重的主题。词的上阕描画出了一个裘马轻狂、纵酒狂赌、依红偎翠的少年人的形象。下阕则通过家中妻子情真意切,而歌儿舞女总是逢场作戏的对比,劝诫林节推莫要沉湎于酒色之中,而应当以家国为重,一句"男儿西北有神州",正如当头棒喝,唤醒痴迷之人。也使整首词作高唱入云,催人猛醒!

癸巳五月三日北渡①

元好问

白骨纵横似乱麻，几年桑梓变龙沙②。
只知河朔生灵尽③，破屋疏烟却数家④！

注释

① 这首诗写于金天兴二年（1233）五月。此时京城汴梁
（今河南开封）被蒙古兵围困两年后已经失陷，下距金
朝灭亡只有半年了。元好问先被蒙古兵拘管在京郊青
城，后又从青城北渡聊城（今属山东），该诗写于从青城
去聊城途中。

② 桑梓：古代常在家屋旁栽种桑树和梓树，后人用"桑梓"
比喻故乡。龙沙：泛指塞外沙漠之地。

③ 河朔：古代泛指黄河以北的地区。

④ 却：才，只。

解析

元好问(1190—1257),字裕之,号遗山。山西秀容(今山西忻州)人。金宣宗时期进士,做过南阳县令、尚书省员外郎等。他是宋金对峙时期北方文学的主要代表,又是金元之际在文学上承前启后的桥梁,被尊为"一代文宗"。其诗、文、词、曲,各体皆工。诗作成就最高,"丧乱诗"尤为有名;其词为金代一朝之冠,可与两宋名家媲美。有《遗山集》传世。

这首诗歌写于元好问被羁管出京,从青城去聊城的路途之中,描述战后的凄惨景象,抒发了诗人的悲怨之情。首句着笔于广阔的视野,展示给读者一幅尸骨纵横的惨烈场景;次句集中一点,写战争给家乡带来的灾难性后果,肥沃的田地变得有如沙漠般荒凉。三、四句分别对应一、二句,写战争使得生灵涂炭,人口锐减,放眼望去,一片荒凉,偶有破屋几处,也是劫后余生。这里"生灵尽"与"却数家",看似矛盾,实际是以少衬多,反映的却是多数人家已因战争或死亡或逃亡,荒凉凄惨的景象更加得到强化。在艺术上,与古人的"一鸟独鸣山更幽"有异曲同工之妙。

清平乐

元好问

离肠宛转①，瘦觉妆痕浅。飞去飞来双语燕，消息知郎近远。

楼前小雨珊珊②，海棠帘幕轻寒。杜宇一声春去③，树头无数青山。

注释

① 离肠：充满离愁别恨的心肠。宛转：这里指愁肠百结。

② 珊珊：指雨珠滴沥的声音。

③ 杜宇：即杜鹃鸟。

解析

这是一首写闺中女子思念心上人的小词。词作以闺中女子为中心，既写了她的心理活动，又随着她的视线移动，刻画了她居住的环境，进一步通过环境的描摹透露出她微妙的思绪。这位女子由于离愁别绪,为郎消瘦,即使梳妆打扮都难以遮掩面容的憔悴。那双飞双宿的燕子或许知道郎君的消息,知道他离得有多远吧?轻卷帘幕,海棠花红,小雨珊珊,轻寒阵阵。在杜鹃声中,春又归去,楼外树头,青山遮眼,所思念的那个人还在重重青山的那边!整首词委婉柔媚,淡淡哀愁,楚楚动人。

波浪纹 清代

唐多令
惜　别

吴文英

　　何处合成愁？离人心上秋①。纵芭蕉不雨也飕飕②。都道晚凉天气好，有明月、怕登楼。

　　年事梦中休③，花空烟水流。燕辞归、客尚淹留④。垂柳不萦裙带住，谩长是、系行舟⑤。

注释
① 心上秋："心"上加"秋"字，即合成"愁"字。
② 飕（sōu）飕：形容风雨的声音。这里指风吹蕉叶之声。
③ 年事：指岁月。
④ "燕辞归"句：曹丕《燕歌行》："群燕辞归雁南翔，念君客

游思断肠。慊慊思归恋故乡,君何淹留寄他方。"此用其意。客,作者自指。淹留,停留。

⑤萦:旋绕,系住。裙带:指别去的女子。谩:一作"漫"。

解析

吴文英(约1200—约1260),字君特,号梦窗,晚年又号觉翁。四明(今浙江宁波)人。宋代词人。一生未第,游幕终身,于苏州、杭州、越州三地居留最久。游踪所至,每有题咏。晚年一度客居越州,先后为浙东安抚使吴潜及嗣荣王赵与芮门下客。他的词风密丽,注重音律,用典甚多,颇不易解。前人评价,褒贬不一,争议很大。

此词一改上下阕自然分段的写法,从开头到下阕的"燕辞归、客尚淹留"为第一段,写别离之情。秋雨过后,离人听到风吹芭蕉的声音,也会产生愁绪。尽管嘴上人云亦云地说着晚凉好秋,但在明月之夜,却不敢登楼远眺,害怕勾起离愁之感。现在想来,往昔情事好像梦境,又如花飞花谢,随波而逝。燕子都已归去,我却独留于此。此下"垂柳不萦裙带住,谩长是、系行舟"为第二段,写客中孤寂的感叹。丝丝垂柳不能系住她的裙带,却牢牢地拴住我的行舟,真是令人伤感。读词至此,方才知道上文之离愁乃词人身处他乡、佳人又别而去。词人刻画羁旅怀人之情,婉转而真切,详渲染而略抒情,颇有可观之处。

寄江南故人

家铉翁

曾向钱塘住①，闻鹃忆蜀乡②。
不知今夕梦，到蜀到钱塘？

注释

① 向：在。钱塘：这里指南宋都城临安。
② 闻鹃：相传杜鹃鸟是古时蜀国之帝杜宇死后魂魄所变，
蜀人敬爱杜宇，听到杜鹃叫，就对之下拜。

解析

家铉（xuàn）翁（1213—约1297），眉州（今四川省眉
山）人，南宋末期曾为临安府知府，奉命使元，被留在燕京
很久，但拒绝在元朝做官，教书为生，后被放还南归。

这首诗是作者被羁留在北方时思念故乡和故国的作
品。先说自己曾经在钱塘居住，那是曾在故国的国都为官
的委婉说法。又说听到杜鹃鸟的叫声就想起了蜀中故乡，

因为杜鹃鸟正是蜀地的象征。自己对于故国和故乡都是朝思暮想，那么今夜之所梦，是飞向故国还是飞向故乡呢？家国梦，家即是国，国亦是家。无论梦到哪里，都是自己魂牵梦绕的地方啊。诗歌非常含蓄地表达了国破家亡的悲痛和对故国故乡的思恋，同时也蕴含着不事异族的爱国情怀。

传统纹样欣赏

木连理 汉代画像石

庆全庵桃花①

谢枋得

寻得桃源好避秦②，桃红又是一年春。
花飞莫遣随流水，怕有渔郎来问津③。

注释

① 庆全庵：寺庙名。

② 桃源：即桃花源，这里指庆全庵。

③ 问津：问路。全句典出陶渊明《桃花源记》。传说晋有渔人，偶然进入与世隔绝的桃花源，其中居民的先人因避秦时之乱而来此绝境，从此世代生活于此。

解析

　　谢枋得（1226—1289），字君直，号叠山，信州弋阳（今属江西）人。南宋文学家。宝祐四年（1256）与文天祥同科中进士。曾为考官，出题以贾似道政事为问，遂被罢斥。德祐元年起用为江东提刑、江西招谕使、知信州。宋亡后，仍然积极召集义兵抗元，终因寡不敌众而失败。为避元军追捕，他隐名埋姓，逃入武夷山中隐居。元朝统一中国后，先后五次派人诱降，都被他严词拒绝。后来又被强行押往大都，他誓死不降，绝食而死。

这是一首借题发挥的诗。南宋被元灭亡后，谢枋得数次受到元朝的征召。在这样的形势下，诗人赋诗言志，表达不与异族统治者合作的态度。首两句写诗人暂居庆全庵，如同找到了一个暂时避世的"桃花源"，每年看到桃花盛开，就暗自庆幸又避过一年。后两句围绕"桃红"而生发议论：当年渔郎就是看见桃花，才逆流而上，找到桃花源。现在千万不能让桃花随流水流到外面的世界，以免桃花源被外人发现。这两句充分表现了谢枋得害怕元朝统治者知道自己之所在，派人征召的忐忑不安之心。本诗借用陶渊明《桃花源记》的故事，赋予现实的意义，而诗人不与新朝统治者合作的爱国之心，值得后人钦佩。

------------------------------ 传统纹样欣赏 ------------------------------

花卉纹 清代

过零丁洋^①

文天祥

辛苦遭逢起一经^②，干戈寥落四周星^③。

山河破碎风飘絮，身世浮沉雨打萍^④。

惶恐滩头说惶恐^⑤，零丁洋里叹零丁^⑥。

人生自古谁无死？留取丹心照汗青^⑦。

注释

① 零丁洋：即"伶仃洋"，现在广东中山市南的珠江口。文天祥于宋祥兴元年（1278）十二月被元军所俘，囚于零丁洋的战船中。次年正月，元军都元帅张弘范攻打崖山，逼迫文天祥招降坚守崖山的宋军统帅张世杰。于是，文天祥写了这首诗。

② "辛苦"句：追述早年身世及为官以来的种种辛苦。遭逢，遭遇到朝廷选拔；起一经，指因精通某一经籍而通过科举考试得官。文天祥在宝祐四年（1256）以进士第一名及第。

③ 干戈寥(liáo)落：寥落意为冷清，稀稀落落。在此指宋元间的战事已经接近尾声。干戈，两种兵器，这里代指战争。寥落，荒凉冷落。南宋亡于本年（1279），此时已无力反抗。四周星：周星即岁星，岁星十二年在天空循环一周，故又以周星借指十二年。四周星即四十八年，文天祥作此诗时四十四岁，这里四周星用整数。一说"四周星"指文天祥从1275年应诏勤王以来至写作此诗刚好四年。

④ "山河"两句：以"互文见义"的修辞手法，把国家和个人的命运联系在一起，形象地展现了风雨飘摇的政治形势，说明国家局势和个人遭际都已难以挽回。风飘絮，形容国势如柳絮飘散，无可逆转；雨打萍，比喻自己身世同雨中浮萍，漂泊无根。

⑤ 惶恐滩：在今江西万安赣江，水流湍急，极为险恶，为赣江十八滩之一。景炎二年（1277），文天祥在江西空院兵败，经惶恐滩退往福建。

⑦ "零丁"句：孤苦无依的样子，慨叹当前处境以及自己的孤军勇战、孤立无援。诗人被俘后，被囚禁于零丁洋的战船中。以上两句，借地名关合自己的身世与心情，可谓天衣无缝。

⑧ 留取丹心照汗青：留下赤胆忠心，永载史册。丹心，红心，比喻忠心。汗青，借指史册。

解析

文天祥(1236—1283),初名云孙,字天祥。南宋宝祐四年(1256)中状元后改字宋瑞,号"文山"。吉州庐陵(今江西吉安县)人。他是民族英雄,以忠烈名传后世。元军入侵,他起兵抵抗。受俘期间,元世祖以高官厚禄劝降,他宁死不屈,从容赴义。生平事迹被后世称许,与陆秀夫、张世杰并称为"宋末三杰"。

这首诗是文天祥被俘后为誓死明志而作。一、二句诗人回顾平生,选取入仕和兵败一首一尾两件事加以概括。中间四句紧承"干戈寥落",明确表达了作者对当前局势的认识:国家处于风雨飘摇之中,亡国难以避免;个人命运更是如同浮萍,无法把握,感受着惶恐与零丁。至此,诗歌中表达的家国之恨、之艰已达到极致。最后诗人突然由记叙转而议论:人谁无死? 不如舍生取义,彪炳史册! 尾联气势磅礴、情调高亢,感召了后来无数英雄志士为了正义事业英勇献身。全诗格调沉郁悲壮,浩然正气贯长虹,具有独特的崇高美,是一首用生命谱写的动天地、泣鬼神的伟大爱国主义诗篇。

金陵驿

文天祥

草合离宫转夕晖①，孤云飘泊复何依？

山河风景元无异②，城郭人民半已非③。

满地芦花和我老④，旧家燕子傍谁飞⑤？

从今别却江南路，化作啼鹃带血归⑥。

注释

① 草合：长满了野草。离宫：行宫，皇帝的临时住所。南宋初期宋高宗赵构曾经驻跸金陵，在此建有行宫。

② 山河句：元，同原。这句是用典。东晋建都于建康（即金陵），城外的新亭是士大夫常去饮宴赏景的地方。有一次周顗感叹说："风景不殊，正自有山河之异！"意思是南北方的风景并无不同，但北方已经不是晋朝的江山了。

③ 城郭句：这句也是用典。传说汉朝道士丁令威学道成

仙,化为一鹤,回到故乡辽东,从空中下望,说道:"去家千年今始归,城郭犹是人民非。"

④ 芦花:化用唐代诗人刘禹锡咏金陵的诗句"故垒萧萧芦荻秋"。老:迟暮。

⑤ 旧家句:化用刘禹锡咏金陵的名句"旧时王谢堂前燕,飞入寻常百姓家"。

⑥ 化作啼鹃:使用蜀帝杜宇死后魂化杜鹃,每到春来就哀鸣不已,直到啼出血来的故事。

解析

南宋覆亡后,文天祥组织义军抗击元兵。后被俘,被押解往元都燕京。这首诗就是被押解途中路过金陵(今江苏南京)时所写。金陵是六朝古都,历经兴亡沧桑,又是南宋高宗皇帝曾经驻跸过的地方,所以诗人路经此地,感慨良多。他想到东晋人周𫖮曾在此地说过"风景不殊,正自的山河之异"的话,不禁感叹如今整个国土都已沦陷,山河与风景都没有什么差别。他又借用汉人丁令威"城郭犹是人民非"的话,慨叹城市和人民都已陷入异族的统治。诗歌大量运用历史典故,将自己亲身体验的家国之感和历史上金陵城的兴衰沧桑融汇在一起,显得含蓄委婉,又沉雄悲凉。

湖州歌

汪元量

北望燕云不尽头^①，大江东去水悠悠。
夕阳一片寒鸦外，目断东南四百州^②。

注释

① 燕云：宋代曾设置燕山府路及云中府路，包括今河北、
山西二省北部的地区，简称燕云。

② 目断：望不到。四百州：指宋统治下的府、州、郡一级行
政区域。

解析

　　汪元量，生卒年不详。字大有，号水云，钱塘（今浙江杭
州市）人。他原是南宋末期宫廷琴师，擅长写诗。1276 年，
宋恭帝赵显和皇室人员被元兵掳到大都（今北京市），他也
跟随前往。后求为道士南归，漫游各地，不知所终。汪元
量文学造诣很高，且具民族气节，他的诗被誉为宋亡的"诗

史",情辞悲愤凄绝,陈述周详生动。

　　这首诗是汪元量组诗《湖州歌九十八首》中的第六首,是其随南宋太后、幼主等被押北上的途中所作。诗歌围绕"望"字展开。首句写向北远望燕云之地,前路茫茫。次句写近望长江,水流滚滚东去,正如宋朝的命运一样,无可挽回。后两句写回望东南:南宋疆域里的四百州,在夕阳的余晖里,在寒鸦的鸣叫声中,渐渐远离了诗人的视线。诗歌寓情于景,感慨深沉,联系当时南宋败亡的背景来阅读,当有更深刻的体会。

----------------- ❀ 传统纹样欣赏 ❀ -----------------

花卉纹 隋唐时期

醉　歌

汪元量

南苑西宫棘露牙^①，万年枝上乱啼鸦^②。
北人环立阑干曲^③，手指红梅作杏花。

注释

① 棘：荆棘。牙：同芽。宫苑中荆棘丛生，可见其残破。

② 万年枝：即冬青树。宋代宫殿中多种这种树。

③ 北人：指蒙古人。阑干：栏杆。

解析

　　这是一首写亡国之恨的诗歌。南宋德祐二年(1276)，蒙古大军攻下襄阳之后，挥师南下，直抵杭州，南宋朝廷屈膝投降，帝后宗室被掳北行，临安残破。作者汪元量是一位宫廷琴师，亲眼目睹了这场国破家亡的事变，写下了《醉歌》十首、《湖州歌》九十八首等一系列诗歌，非常真实地记载了这场事变，具有很高的史料价值。他的诗歌具有竹枝词的风格,通俗易懂,感人至深。这首诗描写皇宫的残破和萧条,昔日华丽的宫殿里荆棘丛生,冬青树上只有乌鸦乱啼。作者特别借蒙古士兵闯入宫禁,指指点点,误把红梅花当做杏花的细节,抒写故国被文化落后的蛮族侵占的悲痛。即小见大,着墨虽淡,而诗意极为沉郁。

传统纹样欣赏

龙纹 清代器皿

虞美人
听　雨

蒋　捷

少年听雨歌楼上，
红烛昏罗帐。
壮年听雨客舟中，
江阔云低，
断雁叫西风①。

而今听雨僧庐下，
鬓已星星也②。
悲欢离合总无凭，
一任阶前点滴到天明③。

注释

① 断雁：失群的孤雁。

② 星星：形容鬓发斑白。

③ 点滴：指雨水的滴注声。

解析

　　蒋捷，生卒年不详。字胜欲，号竹山，宋末元初阳羡（今江苏宜兴）人。先世为宜兴巨族，咸淳十年（1274）进士。南宋亡，深怀亡国之痛，隐居不仕，人称"竹山先生"、"樱桃进士"，其气节为时人所重。蒋捷词多承苏轼、辛弃疾一路而兼有众长，与周密、王沂孙、张炎并称"宋末四大家"。其词多抒发故国之思、山河之恸，风格多样而以悲凉清俊、萧寥疏爽为主，尤以造语奇巧之作在词坛上独标一格。

　　这首词大概写于宋亡之后，词中所表达的感情异常蕴藉深厚。词人避开抽象的概括说理，而选取三个典型的画面予以表现。上阕感怀已逝的岁月。先用"歌楼"、"红烛"、"罗帐"等绮艳意象交织成少年听雨歌楼的画面，展现少年时代春风骀荡的欢乐；又用"江阔"、"云低"、"断雁"、"西风"等衰飒意象构成中年听雨客舟中的画面，映现出词人中年颠沛流离的坎坷遭际和悲凉心境。词的下阕慨叹目前的境况。这里没有上阕所写两个时期听雨画面景物的烘染,只是出现了词人鬓发苍苍的自画像,展示晚年历尽离乱后憔悴而又枯槁的身心。最后两句总结了他听雨的一生,看似旷达的自我解脱,实则是痛苦的深化。全词层次清楚,脉络分明,既写出了词人个人一生的生活感受,又折射出时代特征,深刻而独到。

植物纹 清代

一剪梅

舟过吴江

蒋　捷

一片春愁待酒浇，江上舟摇，楼上帘招①。秋娘渡与泰娘桥②，风又飘飘，雨又萧萧。

何日归家洗客袍？银字笙调③，心字香烧④。流光容易把人抛，红了樱桃，绿了芭蕉。

注释

① 帘：酒帘，酒家的酒旗。招：招引，招徕。

② 秋娘：杜秋娘，唐代吴地女子的名字，杜牧曾写过《杜秋娘诗》。吴地有渡口称为秋娘渡，相传是秋娘招呼渡江的地方。泰娘：唐代吴地女子的名字，刘禹锡曾写过

《泰娘歌》。泰娘桥:泰娘家附近的一座桥,在苏州。

③ 银字筝:筝上面以银镶字,作装饰和记音调用。调:调
弄,弹弄。

④ 心字香:做成心字形状的香。

解析

　　这是一首写倦游思归的小词。上阕写作者乘船经过
吴江,一路上的所见所感。小船随波荡漾,作者满怀春愁,
望见岸边酒楼的酒帘,更欲借酒浇愁。小船摇过秋娘渡与
泰娘桥,那些美丽的地名不禁使诗人产生丝丝绮思。春愁
更遭凄风冷雨,心绪如何能不缭乱?下阕即写思归之情。
什么时候才能回到温暖的家里,脱下风尘仆仆的衣袍,燃
起心字沉香,和闺中娇妻相对坐而调筝呢?日月如梭,春
去夏至,看看又是樱桃红遍、芭蕉展绿的时候。这首飘着
淡淡哀愁的小词在艺术上极具特色,擅长以乐景写哀情,
景物明丽,情调哀伤。又能化抽象为具象,以"红了樱桃,
绿了芭蕉"来刻画"流光",成为脍炙人口的名句。另外,这
首词句句押韵,且选用平声"萧"韵,读起来声调悠扬动听,
极富美感。

第四桥①

萧立之

自把孤樽擘蟹斟②，荻花洲渚月平林。
一江秋色无人管，柔橹风前语夜深③。

注释

① 第四桥：又称甘泉桥，在江苏吴江县。

② 樽(zūn 阴平)：酒杯。擘(bò)：剥。

③ 柔橹：轻柔的摇橹声。

解析

萧立之，生卒年不详，宋元之际诗人。一名立等，字斯立，自号冰崖，宁都人。南宋危急的时候，他曾参预过保卫本朝的战争；宋亡后，他对元代的统治极端憎恶，具有很强的民族气节。其诗大多爽快峭利，自成风格。

这首诗题目为"第四桥"，但通篇无一桥字，细看又发现实际写夜泊桥头。首句突兀，剥蟹下酒，自斟自饮，刻画了一副旁若无人、傲岸不羁的形象,孤独中带有几分潇洒。后三句写诗人由醒入醉过程中之所见所感:清醒之时,见到近处的荻花洲渚,远处的平林,沐浴在皎洁的月光之中;微醺之后,感受到一江秋色,无限风味,可惜无人过问;大醉之后,听到柔橹吱吱呀呀之声,以为是船橹在自言自语呢!诗人将柔橹视为有生命的人,足见其醉态可鞠,憨态亦可爱。

花卉纹 清代

题龙阳县青草湖①

唐温如

西风吹老洞庭波②，一夜湘君白发多③。
醉后不知天在水，满船清梦压星河。

注释

① 龙阳县：古县名，今属湖南。

② 老：历时长久。这里表达更多的乃作者主观感觉。洞庭：即洞庭湖，在今湖南北部、长江南岸。此句暗用《楚辞·湘君》典故："袅袅兮秋风，洞庭波兮木叶下。"

③ 湘君：尧的二女，舜妃。《史记·秦始皇本纪》："上问博士曰：'湘君何神？'博士对曰：'闻之，尧女，舜之妻而葬此。'"一说即湘水之神。

解析

　　唐温如，名珙，会稽（今浙江绍兴）人，元末明初诗人。

　　这是一首极富艺术个性的纪游诗。一、二两句，诗人将对历史的追忆与眼前的自然景色结合起来：秋风吹动广袤无垠的洞庭湖水，泛起层层白波，渺渺茫茫，给人以逝川之感；湘君追随帝舜不及，一夜之间愁成白头。"老"与"白发"相互生发，神话与现实融为一体。三、四两句写梦境。醉酒之后，看着倒映在水里的天空，诗人仿佛觉得自己在银河之上荡桨，船舷周围是一片星光灿烂的世界。诗人将梦境写得有如童话，尤其巧妙的是，梦本无形，更无分量，但诗人却将其实体化，把幻觉写得非常真切。古代写梦的诗很多，但像此诗这样笔调轻灵、构思新颖、诗境飘渺而又含蓄丰富的却不多见，真是一首难得的好诗。

❀ 传统纹样欣赏 ❀

鸟纹 清代

柳梢春
春　感

刘辰翁

铁马蒙毡，银花洒泪，春入愁城①。笛里番腔②，街头戏鼓，不是歌声。

那堪独坐青灯：思故国、高台月明③！辇下风光，山中岁月，海上心情④。

注释

① 铁马蒙毡：指蒙古军队的战马为了御寒在马身上披上一层毛毡。银花：指元宵节的花灯。洒泪：指烛泪。愁城：愁云笼罩的城市。

② 笛里番腔：用笛子吹奏的异族曲调。

③ 那堪：怎堪；怎能忍受。故国：故都，指临安。高台：临安的观潮台，位于禁中，是皇室观看钱塘江大潮的

地方。

④ 辇(niǎn)下风光：京城的繁华景象。辇是皇帝后妃坐的车。山中岁月：指作者隐居家乡山中的日子。海上心情：指自己关心着文天祥、陆秀夫等人在福建、广东沿海坚持抗元斗争的情形。

解析

　　刘辰翁(1232—1297)，字会孟，号须溪，庐陵(今属江西)人。南宋灭亡后，隐居著书，不仕新朝。词作多抒发故国之思、遗民之痛，风格沉挚。有《须溪集》传世。

　　南宋灭亡以后，刘辰翁曾经短暂地参与过文天祥领导的抗元斗争，后回故乡山中隐居。作为一个亡宋遗民，他始终不忘故国，写下了许多沉痛的忆念故国的诗词。这首元宵词也是他抒写亡国之痛和故国之思的重要作品。作品写蒙元入侵之后的元宵节的情况，到处是蒙古的铁骑，吹奏的是番人的曲调，银灯洒着凄凉的烛泪，愁云惨雾笼罩着整个城市。然后通过今昔的对比，想象当年的都城临安，高台赏月，辇毂之下是多么繁华的景象。现在自己是青灯独守，过着山中隐居的日子，而心中从来没有忘记过那些仍在海上抗击蒙元入侵的爱国志士们。整首词作沉郁苍凉，节奏整齐，慷慨激昂，感人至深。

过杭州故宫

谢　翱

禾黍何人为守阍①,落花台殿暗消魂②。
朝元阁下归来燕③,不见前头鹦鹉言!

注释

① 禾黍:禾苗。这里指南宋故宫荒废,长出了禾苗。这里
是用典,《诗经·王风·黍离》诗序说,东周的大夫出行
至旧都镐京时,看到原来的宗庙宫室尽为禾黍,悲悯西
周王室的颠覆,因而作《黍离》。阍(hūn):宫门。

② 销魂:极度悲伤。

③ 朝元阁:唐代宫殿名,位于骊山,是唐玄宗、杨贵妃经常
游玩的地方。这里指代南宋故宫。

解析

　　谢翱(1249—1295),字皋羽,长溪(今属福建)人。南
宋末年诗人,入元后不仕新朝。

南宋覆亡后，宫殿残破，诗人经过当年的宗庙宫殿，看到禾黍离离的景象，不禁伤心悲痛，彷徨徘徊。作者借燕子归来，不见旧时鹦鹉这样一个拟人化的细节，表现物是人非的沧桑巨变。诗歌极为凝练，也极为沉痛。

蟠兽纹 战国时期青铜当卢

山坡羊
潼关怀古

张养浩

峰峦如聚，波涛如怒，山河表里潼关路①。望西都，意踌躇②。伤心秦汉经行处，宫阙万间都做了土。兴，百姓苦；亡，百姓苦。

注释
① 聚：指山峰攒立。山河，指华山和黄河。表里：内外。
  潼关：在今陕西潼关县北，是关内、关外的必经通道。
② 西都：西京长安。踌躇：犹豫徘徊，这里指思绪反复。

解析
  张养浩（1270—1329），字希孟，号云庄，山东历城（今山东济南）人，元代著名散曲家。

这是一首散曲,散曲是元代兴起的一种新的可以配乐歌唱的诗歌样式。它来源于民间歌曲,风格一般比较通俗泼辣。这首散曲题材上是吊古伤今。潼关内外,山河险峻,固若金汤,是历代兵家必争之地,也是许多朝代的政治中心。攒聚的峰峦叠嶂,怒吼的黄河巨浪,多少兴亡事曾在这里上演。作者通过对关中一带险峻的山河形势的描写,感叹历代政权兴亡相继,表达了浓重的沧桑感。更重要的是,张养浩透过表面的历史现象,指出无论怎样改朝换代,无论谁兴谁亡,平民百姓总是受苦受难。这样大胆的立意,明白的表达,在古代诗歌作品中是不多见的。

〰〰〰〰〰〰〰〰〰 ❀ **传统纹样欣赏** ❀ 〰〰〰〰〰〰〰〰〰

牵马图 北魏

朝天子

王　磐

喇叭，锁哪①，曲儿小，腔儿大②。官船来往乱如麻③，全仗你抬身价④。军听了军愁，民听了民怕⑤，那里去辨什么真共假⑥？眼见的吹翻了这家，吹伤了那家⑦，只吹得水尽鹅飞罢⑧。

注释

① 喇叭：铜制管乐器，上细下粗，最下端的口部向四周扩张，可以扩大声音。唢哪：现在写作"唢呐"，管乐器，管身正面有七孔，背面一孔。前接一个喇叭形扩声器。民乐中常用。

② 曲儿小：(吹的)曲子很短。腔儿大：(吹出的)声音很响。曲儿小、腔儿大是喇叭、唢呐的特征，本事很小、官腔十足是宦官的特征。在物与人之间找到共性，咏物

以讽人才得以成立。

③ 官船：官府衙门的船只。乱如麻：形容来往频繁，出现次数很多。

④ 声价：指名誉地位。这句的意思是：宦官装腔作势，声价全靠喇叭来抬；而喇叭之所以能抬声价，又因为它传出的是皇帝的旨意。矛头所指，更深一层。

⑤ "军听"两句：旧时皇帝为了加强对军队的控制，常派宦官监军，以牵制军队长官的行动，十分令人讨厌。又因为宦官出行，到处搅扰，不分军民，所以军和民都愁且怕。宦官到处作威作福，惹得军民共怨。

⑥ 那里：同"哪里"。辨：分辨、分别。甚么：同"什么"，疑问代词。共：和。

⑦ 吹翻：意思是倾家荡产。吹伤：意思是元气大伤。

⑧ 水尽鹅飞罢：水干了，鹅也飞光了。罢，完了。比喻民穷财尽，家破人亡。

解析

　　王磐（约1470—约1530），字鸿渐，号西楼，明高邮（今江苏高邮市）人。他年轻时即鄙视功名，筑楼高邮城西，与名流谈咏其间，因自号西楼。雅好词曲，精通音律，散曲题材广泛，多闲适之作，亦有同情人民疾苦、讥讽时政的佳作。

明朝正德年间,宦官当权,在交通要道运河上,往来频繁,行船时常吹起号头来壮大声势,到处扰民。王磐目睹宦官的种种恶行,写了这支《朝天子》,借咏喇叭,揭露宦官的罪行。散曲中表面上写的是喇叭和唢呐,实则处处写的都是宦官。"曲儿"比喻宦官的地位低下,"腔大"比喻他们的仗势欺人;"军愁"、"民怕"说明他们走到哪里,就给哪里带来灾难;"水尽鹅飞罢"则形容他们把百姓欺压得倾家荡产,最终也会导致自己走向穷途末路。整首曲子没有一个字正面提到宦官,却讽刺辛辣,活生生地画出了他们的丑态,在轻俏诙谐中充满了对宦官的鄙视和愤慨,道出了百姓的心声。

───────── ❀ 传统纹样欣赏 ❀ ─────────

双凤纹 战国时期彩绘漆盘

别云间①

夏完淳

三年羁旅客②，今日又南冠③。

无限山河泪，谁言天地宽。

已知泉路近④，欲别故乡难。

毅魄归来日⑤，灵旗空际看⑥。

注释

① 云间：旧时松江府的别称。松江府约为今上海市吴淞
   江以南直至海边的整个区域，是作者家乡。清顺治四
   年（1647），他在这里被清廷逮捕。
② "三年"句：作者自顺治二年（1645）起，参加抗清斗争，
   出入于太湖及其周围地区，至顺治四年（1647），共三
   年。羁（jī）旅客：停留在路途上的人，这里指参加抗清
   斗争而飘泊外地的人。
③ 南冠：《左传》载：春秋时楚人钟仪被敌国所俘，仍然坚

持戴着南方人的帽子,后即以"南冠"作为囚犯的代称。此处指被清兵逮捕。

④ 泉路:即黄泉路。

⑤ 毅魄:坚毅的魂魄,即英魂。语出屈原《国殇》:"身既死兮神以灵,魂魄毅兮为鬼雄。"

⑥ 灵旗:古代出征时所用的一种战旗。这里指后继者的队伍。

解析

　　夏完淳(1631—1647),原名复,字存古,号小隐、灵首,乳名端哥,松江府华亭县(今上海松江)人。明末著名诗人,少年抗清义士,民族英雄。幼聪颖异常,七岁能诗文。十四岁从父及陈子龙参加抗清活动。父死,遵遗命尽散家财以犒饷义军。明鲁王监国,授中书舍人。事败被捕下狱,赋绝命诗,交母与妻,临刑神色不变。

　　《别云间》是作者被清廷逮捕后,在解往南京前临别松江华亭时所作。诗歌主要表达了自己誓死不屈的决心和对故乡的眷恋之情。首联叙述起兵抗清三年,现在不幸落入敌手。此句看似口气平静,但细细咀嚼,不难品出蕴含其中无限沉痛的心情。颔联直抒诗人按捺不住的满腔悲愤:身落敌手,壮志难酬,复国理想终成泡影,不由得天地变色、河山同悲,自己连容身之处也没有了。颈联坦露对故乡、亲人的依依不舍之情。诗人清醒地认识到,此次落入敌手,难免一死;国破家亡,死无遗憾,然而对家中的亲人却充满愧疚,千言万语难以言说。尾联以落地有声的铮铮誓言作结,表明心迹:自己即便死后也要亲自看到后继者率部起义,恢复大明江山。全诗思路流畅清晰,感情跌宕豪壮,风格沉郁顿挫,手法老到圆熟,成语典故信手拈来,化入无痕,无一丝童稚气,完全不像出自十七岁少年之手,乃文品和人品完美结合的人间第一等真诗。

传统纹样欣赏

牡丹纹 宋代瓷碗

江 上

王士禛

吴头楚尾路如何^①，烟雨秋深暗白波。
晚趁寒潮渡江去，满林黄叶雁声多。

注释

① 吴头楚尾：指江西一带，因其处于吴地的上游，楚地的
下游。这里借指南京一带。

解析

王士禛(1634—1771)，字贻上，号阮亭、渔洋山人，新
城(今山东桓台)人，清代著名诗人。

这首诗是王士禛在江宁(今南京)做考官时，因患病赶
回住所扬州时所写的诗。诗中描写的是深秋时节，天色将
晚，诗人急于渡江，但见江面上烟雨迷蒙，白浪似乎也变得
晦暗起来。诗人归心似箭，赶趁着涨潮之时，渡江而去。
此时的岸边黄叶铺地，一片萧瑟。空中群雁哀鸣，匆匆南

去。诗人睹景伤情,心绪黯淡。一切景语皆情语,诗中的景物都蒙上了诗人萧瑟感情的色彩。

龙纹 北魏石刻

浣溪沙

纳兰性德

　　谁念西风独自凉？萧萧黄叶闭疏窗。沉思往事立残阳。

　　被酒莫惊春睡重①，赌书消得泼茶香②。当时只道是寻常。

注释

① 被酒：中酒，醉酒。

② 赌书泼茶：这是宋代著名女词人李清照和丈夫赵明诚之间的故事。夫妻二人常比赛记忆力，看谁记得某句话在某本书的第几卷第几页，谁赢了就可以喝茶。结果胜者往往大笑而将茶泼洒在怀中。

解析

纳兰性德(1655—1685),清朝著名词人。

这是一首悼念亡妻的词作。上阕写景,下阕抒情。当秋风乍起,天气转凉之时,还有谁惦念自己,催换寒衣呢?关上窗户,听到窗外落叶萧萧。伫立在夕照中,往事涌上心头。春天里,你喝醉后沉沉睡去,我不敢惊醒你。两人背书赌茶,泼洒的茶水发出氤氲的茶香。当时只以为这一切不过是平平常常!上阕描绘了西风、黄叶、残阳之景,景中含情。下阕写了被酒、春睡、赌书、泼茶之事,事中见意。上阕以"立残阳"结束,却留下无限悲戚。下阕以淡淡的一句"当时只道是寻常"结束全词,而"如今已成为不可重现的珍贵记忆"这层意思则见于言外。全词蕴藉含蓄,意味深长。

传统纹样欣赏

双龙戏珠 清代

长相思

纳兰性德

　　山一程，水一程①。身向榆关那畔行②，夜深千帐灯③。

　　风一更，雪一更④。聒碎乡心梦不成⑤，故园无此声⑥。

注释

① 山一程，水一程：即山长水远。程，道路、路程。

② 榆关：即今山海关。那畔：即山海关的另一边，指身处关外。

③ 帐：军营的帐篷。"千帐"言军营之多。

④ 风一更，雪一更：即言整夜风雪交加。更，旧时一夜分五更，每更大约两小时。

⑤ 聒：声音嘈杂，使人厌烦。

⑥ 故园：故乡。此声：指风雪交加的声音。

解析

　　纳兰性德曾随康熙帝到清代祖陵告祭,在出山海关的途中,创作此词,表达了对天涯羁旅的感受。上片,词人在"一程"又"一程"的复叠吟哦中,表现离开家乡越来越远,而思乡之情也越来越深;营帐中虽然灯火辉煌,景象壮丽,词人却郁郁寡欢。下片因此自然转入直接抒写思乡之情。在"一更"又"一更"的重叠复沓中,词人感受着时间的推移,而风雪交加又搅得词人无法入眠,因而更为思念家乡。实则,此处似乎还可理解为词人因思念家乡无法入睡,更加感觉帐外风雪之声。该词意境新颖,既表现景象的宏阔寥落,更抒露着情思深苦的绵长心境,真切感人。

传统纹样欣赏

兽纹 西汉漆器

论　诗

赵　翼

李杜诗篇万口传①,至今已觉不新鲜。
江山代有才人出,各领风骚数百年②。

注释

① 李杜:李白、杜甫,唐代最伟大的诗人。韩愈曾说过:
"李杜文章在,光焰万丈长。"李杜的诗歌历代传诵,成
为祖国文学中的瑰宝。

② 风骚:本指《诗经》中的《国风》和《楚辞》中的《离骚》。
后来指代文采、才华。领风骚:领导诗歌创作的潮流。

解析

赵翼(1727—1814),字云崧,号瓯北,阳湖(今江苏常
州)人。清代著名诗人、学者。著作有《瓯北集》、《瓯北诗
话》、《廿二史札记》等。

这是一首以诗歌的形式来论述诗学观点的论诗诗。

这首诗文字很容易理解，却发表了一个大胆而富有创见的观点。李白、杜甫作为中国传统诗歌中的诗仙和诗圣，无疑具有崇高的地位，受到历代诗人的膜拜。但赵翼却发出了一个石破天惊的论调：李杜的诗歌流传到现在，已经显得陈旧，已经不太符合时代的审美要求。他又进一步指出每个时代都有自己的杰出人才，每个时代的杰出人才都应该独领风骚，都能够并且应该创作出无愧于自己时代的杰作，不让李杜专美于前。可以说，在赵翼的时代，这确实是一个发人深省的观点，其精神实质并不是否定李杜，而是在呼唤创新。这一点，在我们当下的时代也同样具有重要的意义！

〰 传统纹样欣赏 〰

凤纹 清代

己亥杂诗

龚自珍

九州生气恃风雷①，万马齐喑究可哀②。
我劝天公重抖擞③，不拘一格降人才。

注释

① 九州：指中华大地。生气：蓬勃的生机。恃（shì）：依
　靠，凭仗。
② 喑（yīn）：喑，哑。
③ 抖擞：振作，振奋。

解析

　　龚自珍（1792—1841），字璱人，号定盦，浙江仁和（今
杭州）人，清代著名文学家、思想家。

　　清道光十九年（1839）是农历的己亥年，这一年龚自珍
辞官归家，匆匆离开北京，回到杭州，后又北上迎接妻儿回
乡，往返九千里，历时大半年，在此期间，龚自珍写了著名

的大型组诗——《己亥杂诗》,共 315 首七言绝句。本诗是其中的第 125 首。作者途经镇江,恰逢道士祭祀玉皇,众人请龚自珍写一篇祭神的祝辞,龚自珍借题发挥,写下了这首名篇。虽是一篇祭神祝辞,但诗人慷慨激昂,指桑骂槐,对于朝廷论资排辈、埋没人才的用人政策、对于当时因循苟且、死气沉沉的政治局面进行了激烈的抨击。诗人渴望激荡起一场大的变革,一扫当今的污泥浊水;希望杰出的人才大量涌现,使华夏大地重新焕发生机。

传统纹样欣赏

荷花纹 清代